前清旧话

纵横精华第二辑·历史的侧影

主编：刘未鸣

中国文史出版社

目录

晚清端王缘何流落宁夏

赵贵春

端王，爱新觉罗氏，名载漪，生于 1855 年（咸丰五年），系道光第五子惇亲王奕誴二儿子。1860 年（咸丰十年）出继端亲王绵忻，袭贝勒爵。1889 年（光绪十五年）加郡王衔，1893 年为御前大臣，次年封为端郡王，俗称"端王"。光绪二十六年（1900 年）被任命总理各国事务大臣，掌管虎神营。八国联军进京，随两宫西逃，途中曾担任军机大臣。晚清期间，这样一位权威显赫的大臣为什么流落宁夏？谨就其曲折渊源略述梗概。

端王原配福晋（夫人）叶赫那拉氏，是光绪隆裕皇后的姐姐（一说是妹），也就是慈禧太后的侄女，生子溥僎。续配福晋是阿拉善旗罗王的妹妹，生一子（溥儁）、三女（大女、小女夭折，二女罗墨林），是一典型的王公贵族。

1840 年鸦片战争以后，晚清政府腐败无能，激发了全国的民族义愤和反帝反封建的思潮，民间自发组织的各种教、会到处兴起。山东的义和拳（后称为义和团）、河南的大刀会等由秘密结社到公开设坛，经过不断的斗争，发展成为__强大的武装力量。清政府被迫由明令围剿，变为公开支持、信任、利用。

端王这时是总理各国事务大臣，还掌管着虎神营，大权在握，儿子册封为太子"大阿哥"，他是仅次于慈禧皇太后的权贵。他积极安置亲信，扩大自己的势力范围，但也愤恨帝国主义的侵略和欺侮。当时山东的义和团继承白莲教练习拳棒（两种技艺，一种叫金钟罩，另一种叫红灯罩），捏造咒符，自称有神人相助，枪炮不能入。山东巡抚毓贤视其为义民，格外优待，遂禀报端王："山东拳民，技术高超，不但刀兵可避，抑且枪炮不入，这是皇天隐佑，扶助真主。"端王认为借此能驱逐洋人，保佑"大阿哥"登基，巩固大清王朝，便入宫告知慈禧太后。慈禧初则不信，便饬总督裕禄查明真伪。裕禄只见拳民人人壮勇，挥拳如筹，但对枪炮不入之说，不便轻试。协办大学士刚毅、顺天府尹兼军机大臣赵舒翘便奏请慈禧太后信任义和团。只有大学士荣禄力谏："义和团全是虚妄，万不可靠。"慈禧太后分电各省督征询意见，李鸿章、张之洞、袁世凯等发电谏阻："不能利用义和团开战。"慈禧太后多次拒谏，并杀了五位进谏大臣，传下谕旨：我们不能压抑义和团，不能再受洋人欺侮。遂令启秀拟旨宣战。

慈禧太后令端王管理总理衙门，启秀为副。庄王载勋、协办大学士刚毅统率义和团，准备战守。义和团从此由民间自发走向了官办，由受围剿的"拳匪"变为了清政府支持的义民。义和团"抗清灭洋"的口号也改称"扶清灭洋"。义和团运动的兴起是民族精神的觉醒。义和团的招募、扩大，是依赖端王的支持。清政府决心要借义和团打退帝国主义的入侵，以雪国耻。

义和团由于受到清王朝的信任和支持，不到一个月，10万雄师聚集京都，大街小巷设坛念咒练拳，慈禧太后深信不疑。为配合抗洋，京畿还组建武卫前、后、左、右四军（也称新军），由宗庆、聂士成、马玉昆、董福祥四人分领（董福祥系甘军，率军入京保卫宫廷）。与洋人正式宣战后，首先围攻东交民巷使馆区，拆铁路、毁桥梁，战火燃起。各国使馆照会，总理衙门置之不理。八国联军统帅西摩尔率军登陆，遇着义和团和董福祥所率的甘军奋勇迎击，西摩尔以寡不敌众挫败，当即退回。直隶总督裕禄奏捷，慈禧太后降旨格外褒奖给义和团及甘军银子各10万两。随后联军重新组织兵力，攻陷天津，直捣京师。光绪二十六年（1900年）七月二十日联军攻进北京城，血战正阳门，伤亡惨重，甘军中的马福禄一家八口也在正阳门为国捐躯。

八国联军进攻北京，驻扎在天坛，皇宫内院惊魂落魄，慈禧太后召集军机会议，决定两宫与光绪皇帝携皇后和大阿哥溥儁等改着民服乘三辆板车，由刚毅、赵舒翘随行，出走北京。端王也乘马随行，任军机大臣。行前慈禧太后嘱电上海李鸿章来京与庆王共同主持与八国联军议和。两宫出神武门西逃。

庆王奕劻和李鸿章与统帅瓦德西及各国公使商议后，提出两项：一是严办罪魁，二是速请两宫回京。时经一年，拟定了丧权辱国的庚子赔款条约（12条）。北京渐趋安定，两宫从陕西西安回到北京。

再说端王随两宫西逃后，京师诸王大臣众说纷纭，庆王奕劻主持与联军议和。大学士荣禄由京赶到太原面谒慈禧太后，上奏说："杀端王及祖拳匪的王公大臣，以谢天下，才好商及善后事宜。"慈禧太后不答，光绪皇帝同意快杀端王，但手中无权。后李鸿章又电奏，慈禧太后才决定："将原推荐义和团的山东巡抚毓贤革职。庄亲王载勋、怡亲王溥静、贝勒载濂和载滢均革去官职。端王载漪撤去一切差使，交宗人府严加议处。协办大学士刚毅、刑部尚书赵舒翘交都察院议处，以示惩戒，电告北京。"

但慈禧此举各国使臣拒不接受，庆王和李鸿章不得已再次电奏。此时两宫已到西安，刚毅在途中病死，慈禧谕示将端王革职圈禁，毓贤充戍边疆，董福祥革职留任，谕示北京。

各国使臣仍不允，慈禧遂降惩办罪魁的谕旨：已革亲王载勋赐令自尽，已革端郡王载漪降调辅国公、载澜革去爵职，二人均发配新疆，永远监禁，已革巡抚毓贤罪魁祸首传旨即行正法。协办大学士吏部尚书刚毅已病故追夺原官等。

这样处理，外国公使仍嫌不严，慈禧又下令史关年、赵舒翘自尽，启秀、徐承煜行刑菜市口。

慈禧在帝国主义的逼迫下四次惩办，一再加刑，做出了亲者痛仇者快的处理，死去王公大臣九人，流放二人，革职四人。端郡王在慈禧太后的袒护下免遭一死，削职为民，发配新疆。在发配途中，端王考虑到夫人是阿拉善旗罗王之妹，便决定先到阿拉善旗投亲。罗王与慈禧太后关系至密，由他上下打点，得到了慈禧太后的默许。罗王为端王安置了住所，且招待周到，端王就在这里暂且过着流放生活。罗王每年上京进贡，慈禧还要给端王带去赏赐，其生活倒也悠闲自得。

光绪三十四年（1908年）十二月二十一日光绪皇帝驾崩，次日慈禧太后去世，后来罗王也去世了。端王深知自己靠山已完，在阿旗住不下去，遂于宣统二年（1910年）率全家向新疆进发。一路上边走边停，走出嘉峪关，听到民国成立的消息，便折了回来在甘肃张掖住下。民国7年（1918年），张掖地区流行瘟疫，全家感患时疫，长子溥僎夫妇一病不起，相继去世，端王悲痛万分，终日闷闷不乐，以酒消愁。此时他精神颓废，家务事全由女儿罗墨林照料。民国9年（1920年）决定返回北京。这年冬天发生了海原大地震，公路被震断，行到兰州，无法通行，甘肃督军张广建劝留兰州，待路修复后再走，但端王归心似箭，等不及修好就要起程，张广建便派人护送到平凉，再取道西安返回北京。

1921 年农历正月初八日到北京西直门车站下车。端王小心谨慎地在所乘的轿帘上悬旗，特书"进京就医"以免滋事。当年端王 66 岁，本愿是回北京定居，安度晚年，岂料到京后，遭到了皇室家族的反对，有人造谣说：端王带回了不少武器（其实尽是行李、衣箱），在紫禁城皇宫里见到溥仪，叔侄相抱痛哭，大有东山再起之意等，一时端王住宅外布满了便衣警察，惶惶不可终日。为避嫌疑，端王只好住进协和医院。但造谣、排斥之风与日俱增，在京未住一年，端王被迫二次出京。

这年冬，端王出京西行来到宁夏，在银川市王元街（今民族南街）租赁了一座坐西面东的民宅小院，他就在这里闭门谢客，安度晚年。

1926 年冯玉祥到宁夏后，得知端王下落，特去拜会。始端王称病谢绝，但冯玉祥快步进到院里已经无法回避，端王只得由女儿搀扶出迎，宾主寒暄片刻，冯玉祥说了些安慰的话就告辞了。

1927 年 12 月端王病逝于宁夏银川市，终年 72 岁。次年其女罗墨林同丈夫那云峰将灵柩送回北京安葬。

端王二女罗墨林与女婿那云峰，在宁夏永宁县李俊堡落户，以医药业谋生，生有一子二女。子那英俊现任石嘴山市政协副主席；长女那静贤系银川市粮食局职工（现已退休）；二女那静媛在银川市城区任小学教师。

端王的二子溥儁被废黜"大阿哥"称号后，认族归宗，随其生母留住北京，后与阿拉善旗达里扎雅师女结婚，生子毓兰峰。1956 年溥儁之子毓兰峰由北京移民到宁夏永宁县李俊公社落户，擅长医术。党的十一届三中全会后，毓兰峰被举荐为宁夏回族自治区第四届政协委员，聘任为宁夏回族自治区文史馆馆员，现在永宁县城关开设私人诊所，奉献余热，欢度晚年。

清庆亲王载振的家庭生活

汪荣堃

　　我从 1921 年（当时 18 岁）就投身载振（原庆亲王）府中，度过了将近十年的奴仆生活，目睹他们在日常生活中的形形色色和当时的社会形象，兹回忆叙述 1921 年到 1926 年中的几个片段。

一

　　1921 年时，庆亲王载振和他的二胞弟载搜（同"扶"字）、五胞弟载抡三人已实行分居，经济生活也是各自独立。在庆王府原址（西城定阜大街 2 号）中分隔了三个院落：载振住西头一大部分；载搜住中间一部分，在 1923 年前后被大火全部焚光后迁往天津居住；载抡住东头一部分，后亦迁居天津。

　　载振承袭王爵，财产在当时王公中是比较富有的。他父亲奕劻最后职务是清朝末期的军机大臣，权势很大，敛集的财物难以计算。据说奕劻以前没有显达时是个穷贝勒（次于贝子），家境并不宽裕，有时上朝穿用的官衣，还得去典当中取赎；后来由于承袭了王爵逐渐显达，终而封为亲王。

后来清王朝虽然倒台，庆亲王一家也还是个富豪，家私现款存在北京东交民巷里的各外国银行里，每月家庭生活开支，就是用利息支付也还用不完。

此外，他们在外省特别是华北、东北、内蒙古、热、察、绥等地，每年有很大一笔地租收入。这笔地租并不是他们的田地租给农民耕种而取得的地租，大部分是"带地投主"而来的地租。所谓带地投主是清朝时期大小地主避重就轻对政府纳土地租的一种形式，即将自己的土地投到王府名下，对官家假报是王府土地，每年只向王府缴纳比较少的地租，就可以安然而不被税吏勒索。估计当时依附在庆王名下的土地约有1000顷，王府每年秋后派经租处（府内一个专门机构）大批人员下乡去收取地租，坐收这一大笔收入。在民国成立后一个时期，他们还继续收取。另外他们为收取地租方便，还在外县设立了名叫"皇粮庄头"（地主）的人物，为他们代收地租一总交付王府取租人。

二

从民国元年以后，尽管庆王王俸来源已竭，但他们一家挟持着亿万资财，仍然同当权时代一样，过着奢侈的生活。

衣着：虽然他们每个人的库房里装满了各种稀有高贵的皮毛衣服、皮筒子，以及各色各样的名贵绫、罗、绸、缎衣服和整匹绸缎，但他们从来不取出来穿用，据说是因为花样颜色不好。他们经常打电话给大绸缎店通兴长、丽丰、瑞蚨祥、谦祥益、大纶等，由各店送来花色最时兴的新绸缎任凭选择。他们在府内设有一处自己专用的成衣处，有十几名工人整天在为他们一家人制作各种单、夹、皮、棉、纱衣服。特别在有重大喜庆事时的前夕，还要加夜班或从外边再找来临时衣工来赶制衣服。他们的女眷有时一件新做的绸缎衣服只穿了几次，看到别人穿了式样更好看、花色更鲜艳的衣服，就照样另做一件来比美，而那件只穿用几次的衣服就弃而不用了。

至于所穿的鞋子，消耗更是惊人。女鞋经常是由东安市场佳丽、时华新等鞋店将每次生产的新的花色、新型的鞋子尽先大批送来选购，男鞋则是从前门外内联升店定做，每双鞋子穿用不到半个月就换穿新买来的新样鞋子。

饮食：载振和他的妾一起吃饭，其母、妹妹、孙儿一起吃饭，他的儿子儿媳另在一起吃饭，每一桌菜照例是 10 样到 12 样。在这个十五六口人的家庭中，有专司做菜的高级厨师六人，其他副手九人；每日消耗的鸡、鸭、鱼、肉、海味等据说需 50 斤以上。这是日常饮食的消耗，至于每月至少两次的大小宴会消耗的物品就更多了。当时笔者曾估计过，他们一次宴会（如生辰等），每桌鸭翅席的费用如果给一个五口人家折成粗粮的话，足够过五个月的。记得载振 50 整寿时，大宴亲友，并在家里请人演唱京剧，一天的饮食筵席费就花了 1700 多银圆。

他们开宴会用的酒，多半是自己酒库存储的多年陈绍酒和自家泡制的"香白酒"。泡制香白酒是在秋季于每只大绍兴酒坛子内放上好白干酒 50 斤，外加香圆果 3 斤、佛手果 3 斤、木瓜果 3 斤、广柑 3 斤、茵陈草 1 斤、绿豆 3 斤、冰糖 5 斤，密封后写上年月，然后入库。每年照例泡制一批，依照年次取出饮用，这样周而复始地存储，取之不尽，用之不竭；同时还藏有外国进口的香槟酒、葡萄酒等。

他们每天所饮的水也不是一般的水，而是自制的蒸汽水。由一个专人每天生起一个大火炉子，上面烧上一个特制的高式圆筒形铁锅，里边放入生水；锅上安放一个铁板制的帽子，帽檐上有边墙约半尺高，可以灌上一部分冷水；锅边安插一个铁管子，当水烧沸后里边水蒸气遇到顶上内部铁帽子里冷水一激，热气化成了汽水，顺着帽顶流到流水槽内流出锅外，流入磁铁罐内。这样每天一个人看守蒸馏器，仅能产生两罐汽水，专供一家人饮用。

居住：他们的住址是北京西城定阜大街西口占地半华里见方的一所大府第，房屋分五个大院落，大小房屋近千间。院内主房有九处，高大如宫殿，只是屋顶为泥瓦而不是琉璃瓦。其中大书房是陈列全部《大清会典》的房子，中间还设有一座硬木雕花螺钿宝座，据说是清朝某一皇帝曾来此房坐过这个座位，平日盖着黄布罩。东书房是一座三合式带游廊的大瓦房，院内有花木；屋内一部是古董陈设，另一部陈设四书五经、百家诗选等书。西书房是一片勾连在一起的大瓦房，是有名无实的书房；其中没有书，只是陈列了各种古董文玩作为他们招待宾客的客厅。他们的住房全是精致高大的房子，每幢房全有匾名，如"宜春堂""爱日堂""识道堂""得真趣轩""契兰斋""静观堂"等等，室内装潢古雅，满布古董字画、洋钟等物。其余群房有库房、茶坊、厨房、奴仆住房、回事处（即传达处）。另外还有两处别墅：一处别墅在西郊海淀万寿山附近，是过去慈禧太后在万寿山消暑办公时，庆王随同她消暑的临时住处；另一处别墅在城内后海南岸李广桥东，1921年载振带着他的侍妾住在那里。此外还有花屋一处养了两名花匠，培植了各种细花，大部分是桂花盆景、君子兰、玉兰、栀子、梅花盆景、香圆盆景、佛手盆景等花木；仅君子兰一种就养了五六十盆，全部是从福建省带原土一起运来的。每个住房，四季放置鲜花。在这些房屋中，除庆王家属十五六人外，大部是男女奴仆，有八九十人，平均每人占用房屋十间上下。

生活方式：庆王平时深居简出，除了与各王公家通吊庆，或到府向母亲请安外，其余很少出门。尽管如此，他家还保有"道济"牌汽车一辆（当时北京还刚刚有汽车）马车三辆，有车夫八名。女眷出门，在民国初年后还沿用着封建时代的形式。当女眷准备出门时，先由男仆将布制的帷幕挡在车门的两旁，然后女眷由院内出来在布帷幕中穿行一直到车后，才将帷幕撤去，回来也照样用帷幕接下来，这是为了不叫外人看见。另外也还有一点原因，是当时社会上满族妇女装束已逐渐改为汉人装束，而庆王的眷属不论平时或外出，全是纯粹满族装束，故借此掩饰，以免暴露。当溥仪在北京举行大婚时，他们全家朝贺，就完全是满族朝服装束，男的是花翎红顶、朝服挎腰刀，妇女也还是宫装旗袍、高底鞋，手持玉石"如意"。

载振每隔三日必来府内给他母亲请安。他所住的后海南岸李广桥别墅，名叫"怡园"，是一所花木繁茂的花园，有楼，有亭，有游廊，有花木，有水池。他的住地俨然是个封建势力的小天地，家规依然存在：当他出门上汽车时，所有女仆女婢在内院两旁侍立，侍妾在后边送他出内院；到二门口时，所有男仆站在两旁恭送他上车，回来时也是这样迎接。当他去府内时先有电话通知过去，那里的男仆要提前在府门口两旁等候。当他下车进门时，这些男仆在他走的道路两旁口称奴才某请王爷安，随之请下跪安（跪安是清朝皇族常礼，其做法是：双手扶膝先将右腿跪到地上，左腿随之也下跪，但膝盖一着地就起来，随后右腿也起来）。而庆王只用眼望望，随口问问其中的总管人一两句话，且是边走边问。总管人则在旁边随走随答"嗻"字（满语"是"字），直送他到二门口而退。庆王进到二门里时，又有一大批内监、女仆在门内迎候，口称请王爷安，是用双手扶膝下蹲到一定程度再起来的满族礼节，王爷仍是一望而已。然后这群奴仆随他进正殿（奕劻当年住的房叫殿），到他母亲住的外室。此刻他的儿子、孙子在殿门外迎候请了安随同他进去；又有他的儿媳迎在门内请安，口称请"阿玛"（满语"父亲"）安。

他走进室内在他母亲身前，口称请"额娘"（满语"母亲"）安，起来再向前问候起居饮食情况，叙些家常。约半小时到一小时庆王辞出，又到他儿子住房，父子在这里讨论家务，然后回"怡园"。

他的儿子儿媳的住房与庆王的母亲仅隔去一幢院落，但他们彼此在日常生活中见面也是有一定时间的。他们每天早晨 10 时起床，梳洗占去了两个小时，然后盛装到庆王母亲那里请安，下午再去请一次安，这一天的见面礼节就算完成。

至于一般奴仆平日侍候中，在回答王爷及其家属的问话时，例如他们问你某某事办了没有，你回答他的话时，要说"奴才已然办好了"。每次回答问题，首先要以奴才二字当先。当他们随便送给你一点物品吃，或一件旧衣服时，你必须立即跪下叩头，还要说"谢王爷赏"等。此外，每当他们家属中某一人生辰日，奴仆们先要写一个大红纸片，上面写"跪叩王爷千秋"等，下边写"奴才某某等跪叩"字样。当遇到他们的整寿时，奴仆们还要集资置买一份礼物，如上好茶叶、外国纸烟、精美点心等"进奉"，他们收下后，会赏给一笔现款。

他们每次吃饭时，要由男仆从远隔四五层房外的厨房用手提木盒将一样菜装进去，立即飞跑送到内院门口交由内监再向饭厅里飞走，一直送到饭厅门口交由女婢仆妇放在桌上，还不许菜冷。每餐十几样菜都是一个跟着一个接力式地往里传送，仅是粥就有大米粥、麦片牛奶粥、薏仁米粥、莲子粥等几种，至于所用食具那就更讲究了。

每日房屋的收拾也有一定规则，天明时大批奴仆必须轻手轻脚，用最短时间、最轻的动作、最细致的方法去做，当王爷和家属起床时屋内已收拾干净，看不到一个仆人了。

三

载振继承了他父亲"和硕庆亲王"奕劻的王爵，还继承了他父亲的一部分财产，坐享着骄奢淫逸的生活。1920 年时，他的家中计有生母一人，庶母两人，异母妹两人，妾三人，子两人，子媳两人，孙一人，孙女一人。那时他已近半百了，他的妾侍年龄却都在 30 岁以内。但他仍不以为满足，身旁还有侍婢八人供他役使。其中有一个婢女宁姓年十八九岁，面貌生得很美，由于其父宁福泰是个既懒于劳动又有鸦片烟瘾的人，便将亲女送进王府里充当侍女，以达到不可告人的目的。果然不出宁福泰所料，宁女进入王府不到一年，就被载振看中，想纳为第四妾。载振派亲信总管人马寿臣向宁福泰提出，除一次付给宁福泰一笔数目不少的现款外，还给宁家买一处十几间房的房产作养老之用，并议定每月还要按约付以一定数目的生活费。这样，一位年轻貌美的少女就作了这位老王爷的第四位太太，同时她的两个哥哥也得到载振另眼看待，在府内的待遇自然高于其他人了（但不是以亲戚看待，他们与载振讲话时仍要自称奴才）。宁女因身份地位的转变，每日与载振和其他妾等享受"锦衣玉食，堂上一呼，堂下百诺"的威风，次年又生了一个男孩"溥铨"，因此又由侧太太晋升为"福晋"①。载振对宁女也更加喜爱。但宁女因为不许可她回娘家探望亲属，情绪上并不愉快，另外由于同其他女妾在生活中、家务上和财物分配上有很大矛盾和摩擦，彼此钩心斗角，也给宁女增加了伤损身体的因素。不久宁女病象暴露了，据当时在北京的德国医生迪伯尔、儒拉二人的诊视，断定是肺痨病，虽经过很长时期的治疗，终以病情深重而死，年仅二十三四岁。

---

① 福晋，满语官称，即正室的意思。

四

在民国后，载振的家庭对子女教育仍沿袭着清末时代传统作风，不叫子女在公立学校读书，还是在府内设立专馆，聘请旧式的老师教学。如载振之孙毓定在七岁时（当时已然是 1921 年）就在府内东书房（契兰斋）设立了专馆。那所院落花木繁多，房屋高大雅洁，房内除陈列了古董以外，还有百十部中国古典书籍。由昌平县请来一位年已五旬以上的老秀才名叫门瑞昌，担任启蒙教师，每月供应老师 30 元的束脩金，并在东书房下榻，派两名书童侍候并侍读。每天在这个律规式的小天地里，在"子曰、学而"等古典书籍中生活，至于当时社会上公立学校所读的课本则一概不用。而学生也不知道社会上还存在公立学校、课堂学习等事，并不许出大门到社会上去见见另一个天地，好像与世隔绝了一样；下学以后也只是在三四个男女仆妇内监陪同下，在室内或园庭内走走，或在室内打麻雀牌为戏。这样使毓定这位少爷没有一点天真活泼，虽系男孩子倒像是一个女孩子了。书房尽管有百十部书，只是给老师用，老师将他的孙子从昌平带来住在一起，来个自己教自己的孙子。至于载振和他的儿子，从没有看见和老师谈谈小孩子学习的情况。

载振的长子溥钟、次子溥锐都喜好京剧，是"贵胄班"的角色。民国初年，住在北京的一般王公大臣和他们的子弟为了解除孤寂，从看京剧进而学习演唱京剧，最后发展到组成了一班不定期的自我表演、自我欣赏的京剧小集团，有人美其名曰"贵胄班"。当时在王公中喜欢表演京剧的有载洵、载涛等。载洵（溥仪的叔父，排行第六）喜欢演唱老生戏，自己置办了一大批戏衣和戏具，并且经常与名旦尚小云在一起演唱配戏。演唱地址是在他府里（在西单伞子胡同，即今西单商场原址）一座小戏台，规模不大，座位不多，但结构很精美，其形式是仿照万寿山内的戏台而建的。由于有此优好条件，所以他时常在家召集其他王公子弟集演堂会戏，除临时约请几名内行演员外，主演一般是一些王公大臣子弟等。听者则大部分是亲友家属，并设筵招待，不招待外界人士。

溥锐喜欢演唱花面戏，如《艳阳楼》《八大锤》等。因此他和当时名净角侯喜瑞交谊很厚，不仅在演戏时找侯配戏，就是平时侯也常去庆王府中给溥锐说戏。在庆王府内后园，也有一座相当宏伟的戏楼，规模之大不下于当时市面上的一般戏园。那是二层楼的结构，前台可容观众300人，楼上也可容百人，载振50整寿时曾在此设筵广召亲友举行庆祝，并召集了贵胄班演唱了一天半夜的京剧，轻歌曼舞，边听戏边饮筵。记得溥锐在他一张戏装照片边写下了这样的句子："是真是幻？非幻非真，剧中人即我，我亦剧中人。"

五

载振生活在他的小天地里，有些超然物外的意味，不问时事；但对时局的动向却是很敏感的，因为这对他的安全大有关系。他本人也很清楚，他不是一般居民，而是拥有很大财富的遗老，所以深居简出，不敢在社会上暴露行迹，以免引起麻烦。为此，他还在1923年将原来使人一望而知是王府的红大门改为红小门，大门外的封建式设备也撤去。他的大门前原有四架"辖喝木"的设置，这种辖喝木形如近代战场上使用铁丝防御的木障，一根长一丈五六尺、宽七八寸的圆木，用细圆木杠钉在大圆木上，成十字形，放在门的两旁，一边二架。其用途据说是清末老庆王每天上朝时，先将此木作为路障放在大门外马路中间拦起来，使通行的居民和车马停下来，候庆王出门上轿抬走后，再将此木移回门外两旁原处。此外大门前还设有仪仗架四座，两座上插着一丈长的长枪、长把刀等古式兵器，设在大门的两旁；另两座上插着四面长方形木牌，宽两尺，长三尺五寸，下有三尺的木把，牌上面分写"肃静""回避"等字样，表明这是一个权贵的门庭。这两件东西撤走了以后，门也变成了一般住户的小红门，门前也不设人看门了。

不仅如此，由于当时军阀各据一方，互相混战，时局是时时有变，风声鹤唳，使他们心中不安。载振不得不向当时掌握北京地方治安的当局作私人拉拢，馈赠一点古董或名贵木器和宴会联欢，以便时局一有变动事先通知好做准备。但当真正政变在北京起来的时候，他们全家老幼就先期逃进了东交民巷使馆界内的"六国饭店"，及与载振有关系的法国医院、德国医院作临时避难所。平时载振他们怕一旦事起仓促，财物受到损失，在法国医院里租了一部分房屋，将一切高贵的古董、文玩、珠宝、财产契据等物送往存放，作为永久的库房。但时局变化日繁，载振感到精神与财物损失日大，影响了安静生活，终在1923年花了十几万元在天津英国租借地内买得一所楼房。此处原是隆裕太后很得宠的太监"小德张"的产业，买得后平时派人看守，当北伐军还没有到北京以前，他们全家就移居到天津租界内长期住下去了。

他们走后，北京旧王府留下了一部分奴仆看守房屋，但不久就被方振武军队占为方振武总指挥部的办公处了。记得办公处总负责人是冷遹（大家称他为冷司令）。军队住了很久才迁出去，所有府内库房里存放的旧衣服、家具瓷器等物亦被士兵盗窃一空。载振鉴于这次被占的经验和损失，也就打断了将来再回来居住的念头，最后只好将这座象征封建的老巢以100余万元卖给了当时的执政者，改成了航空司令部，而他们也就从此长久去做天津租界的寓公了。

载振一家迁往天津租借地隐居后，生活上得到了外国人的保护，日久又结交了天津当地的大资本家，如劝业场股东高星桥等人。在这些人的影响下，他对投资经营商业有了很大兴趣，除自己在租界内独资开设了一家门面，卖纸烟、洋酒和食品等物外，还与高合作投资建筑了当时天津有名的大建筑物"渤海大楼"大旅馆，并在劝业场也投了资本。同时他们还挟其雄厚的金钱在天津金融市场做黄金、美钞的投机买卖。

我所知道的果亲王允礼及其地宫

———

徐广源

　　热播的《甄嬛传》里，说甄嬛在寺中受尽欺凌，幸得果亲王允礼精心照顾，二人在患难中相亲相爱，甄嬛遂有了身孕，后来生下了弘曕。雍正帝发现甄嬛与允礼有私情，极为震怒，逼迫其毒杀允礼。甄嬛不忍，想要自饮毒酒，允礼为保护甄嬛，偷换毒酒而亡，死在其怀中，甄嬛伤心欲绝，誓要报仇。甄嬛为保住允礼唯一的儿子弘曕，自请将弘曕纳入果亲王名下，成为一世的亲王，永不参与朝政。

　　历史真的是这样吗？非也！

真实历史中的允礼与弘曕

　　允礼原名胤礼，是康熙帝的第十七子。雍正帝即位后，因为要避讳，才改名为允礼。他的生母是纯裕勤妃陈氏，葬在清东陵的景陵妃园寝内。康熙帝在世时，允礼还没有显露头角。他的四哥胤禛即位后，才脱颖而出。雍正元年（1723年），雍正帝将他从一般皇子一下子晋升为

果亲王允礼像（郎世宁　画）

多罗果郡王。雍正六年（1728 年）又晋封他为和硕果亲王，登上了清皇室爵位中等级最高的一级，可谓位极人臣，一人之下，万人之上。雍正帝将他视为左膀右臂，委以重任。先后命他管理过理藩院、工部、户部三库，授他为宗人府宗令。命他护送达赖喇嘛回西藏并代表皇帝阅视沿途各省八旗、绿营。乾隆帝即位后，对他的这位叔父更是优礼有加，赐食亲王双俸。他是乾隆初年的著名四位总理大臣之一，权威日重。乾隆帝赐他见皇帝免叩拜行礼，可以在家办事，不用天天上朝。正当允礼红得发紫的时候，竟于乾隆三年（1738 年）二月初二丑时溘然长逝，年仅 42 岁。乾隆帝对于这位对大清社稷江山、对于自己忠心耿耿的叔

果郡王园寝宫门

父的突然去世，极为震悼，谥他为和硕果毅亲王。允礼膝下无子，经康熙帝的皇十六子庄亲王允禄奏请，乾隆帝将弘曕过继给允礼为子，承袭果亲王。

弘曕生于雍正十一年（1733 年）六月十一日亥时，生母是雍正帝的刘贵人（即后来的谦妃）。弘曕是雍正帝最小的皇子，原排行第十，因其四位兄长弘盼、福宜、福惠和福沛幼年夭折，未叙齿，故排行第六，称皇六子。乾隆帝登极即位时他刚刚 3 岁。

弘曕长大以后，任正白旗蒙古都统。乾隆十九年（1754 年）十一月，又令弘曕管理造办处事务。乾隆二十八年（1763 年）五月，因弘曕犯了许多错误，乾隆帝不得不削其王爵，降为贝勒，永远停发俸饷，并解除了他的所有职务。从此以后，弘曕长期闭门谢客，深居简出。由于长期抑郁忧闷，弘曕体质逐渐虚弱，疾病缠身，到乾隆三十年（1765 年）二月，病情已十分严重。乾隆帝闻知，派御医前去为他治病，并御驾前往他的府

果亲王园寝宝顶

第探视病情，弘曕在床榻间叩首引咎自责。乾隆帝见了重病中的小弟，十分动情，回宫后经奏请皇太后同意，于二月二十八日晋封弘曕为郡王。弘曕于晋封为郡王10天后的三月初八申刻离开了人世，年仅33岁。

对于弘曕的英年早逝，乾隆帝十分悲痛，加恩丧葬事宜俱照亲王例办理，遣皇六子永瑢成服，其余皇子等于祭日前往行礼。赐谥曰："恭"，称"多罗果恭郡王"。

弘曕园寝坐落在河北省易县梁各庄镇东北约十公里的岭东村，他的园寝里还安葬着他的四代子孙。弘曕的园寝坐北朝南，建有一孔拱桥一座、碑亭一座、东西厢房各三间、大门一座三间、石狮一对、享堂五间，后院有宝顶五座。弘曕宝顶居于正中，靠北，其他四座分列左右。弘曕及他的子孙的地宫均早年被盗，如今弘曕的地宫仅存穴坑一个。他的四个儿孙的地宫有三座地宫尚存，另一座无存了。石碑和东西厢房尚存。我曾六次探视过他的儿子永瑺和孙子绵从的地宫。

作者与孙健生在果亲王地宫口

作者即将进入果郡王园寝东侧永璨地宫

　　允礼的园寝位于今河北省易县清西陵境内的上岳各庄村村北的山坡上。园寝坐北朝南，其建筑物从南到北依次为三孔拱券式石桥一座，东西厢房各三间，石狮一对，大门三间。享堂三间，单檐硬山顶。享堂前设丹陛石一块。园寝门三，宝顶一座，环以朱垣。

允礼地宫内残破的椁板

作者从绵从地宫钻出来

　　1937年，这座园寝的地宫被盗，随葬珍宝被盗劫一空。后来，这座园寝再一次遭到了破坏。如今只剩拱桥一座，东厢房和享堂也只剩残垣断壁。宝顶尚较为完整。

机缘巧合　探视允礼地宫

　　探视果亲王允礼地宫，可以说是天赐良机，无意偶得。2006年11月13日，我再一次去清西陵考察。清西陵的领导把我安排在梁各庄行宫住下。

　　11 月 20 日上午，山西陵的朋友孙健生开着车，载我考察了泰陵、昌陵。午饭后我们又登上了慕陵的朝山，观赏了山川形胜。然后我们决定去果亲王园寝考察。那年的 6 月我曾到这座园寝考察过，拍过照片。因那时正是夏季，园寝遗址被庄稼遮挡着，遗址上又长了许多很高的荆棘、蒿草，所以那次没有看仔细。特别是享堂前的丹陛石没有看到，很觉遗憾，所以这次才决定再去考察。我到了享堂前，竟发现那块丹陛石被一大堆烂砖头盖上了，连个影儿都没看到。后来才知道这是怕被人偷走而故意掩盖的。于是我们就去看宝顶。宝顶被树木包围着，上次没有拍到清楚的照片，这时树叶都落了，宝顶看得清楚多了。在我拍宝顶下部石须弥座细部雕刻图案时，孙健生惊喜地向我喊道："徐老师！盗口没堵上，还敞着！"我急忙奔了过去，就见宝顶南面须弥座下果然有一个洞，是当年留下的盗口。我弯着腰往里一看，有一个 3 米多长的斜坡，再往里就黑洞洞的，什么也看不到了。1937 年这座地宫被盗时，是从宝顶的北面盗挖的，盗口在地宫的后面。我们这次看到的南面的盗口是 1998 年 10 月被另一伙盗墓贼用炸药炸开的。后来清西陵文管处派人堵砌了盗口。不知这个盗口又何时由何人挖开，盗口仍敞开着。这个意想不到的发现，使我们惊喜万分！这是老天赐给我们的机会，机不可失，时不再来！因天色不早，已经快 4 点了，又没有任何准备，所以我们决定明天进入地宫，进行探视。

　　当天晚上，我和孙健生为探地宫进行了周密的筹划和准备。为了做到万无一失，我将探视地宫的事提前向管理处的领导做了报告，征得了同意。孙健生忙了一大晚上，做了一个软梯，准备了两个灯、两身衣服、三个钢卷尺。

　　第二天早 8 点半，我们从行宫出发，十几分钟就到了上岳各庄，来到了允礼宝顶的盗口前，换好衣服后进入地宫。孙健生胆大心细，年轻

果郡王园寝弘曕地宫遗址

力壮，他怕我这位 60 岁的人先进入地宫危险，就先下了地宫。他倒退着慢慢爬进盗口的斜坡内，然后把软梯往下放。梯子的尾端拴着一根很粗的长绳子，绳子的头拴在宝顶旁的一棵桃树上，使劲拉拉，确保毫无问题之后，他才登着梯子慢慢往下下。这时我也爬进盗口斜坡，用灯给孙健生照亮儿。孙健生刚下去，整个身子和梯子就在空中悬了起来，乱晃悠，根本登不着墙壁。这与事先想象的根本不一样，难度大多了。孙健生不愧当过兵，当过民警，临危不乱，沉着冷静。他稳定地控制着梯子，一步一步往下，顺利踩到了地宫地面。我松了口气，然后把灯、照相机包、三脚架等先后用小绳坠入地宫。孙健生在下面一边用灯照亮儿，一边用力往下拉着梯子，为的是使梯子稳定。所以我进入地宫比他顺利多了。刚一进入地宫，除了从盗口射进来的光线能看到地宫部分券顶外，其他部位几乎什么也看不着。过了几分钟后，由于瞳孔的放大，我才看清了地宫内的大概状况。

这座地宫为横券，用澄浆砖砌筑而成，有石门一道。地宫面阔 610 厘米，进深 504 厘米，因为地宫里有许多掉落下来的砖头，乱扔着许多棺木板子，看不到地宫地面，所以地宫的高度无法测量，估计不少于 7 米。

东西两墙壁上偏南对称地各有一个壁龛，面阔和进深都是 96 厘米，中高 134.5 厘米，龛内无任何东西。这是我首次发现地宫里有壁龛，这对于清朝陵制研究具有重大的意义。

石门用青白石雕琢而成。东扇门开着，西扇门关着。门扇的外面雕刻着衔环兽面铺首，其余部位均为光素。门口面阔（两石门框之间）235 厘米，高（上下槛之间）275 厘米。石门外（南）约 30 厘米远的地方是挡券墙，糙砖灰砌，比较完整。石门上槛外侧有四棱形石门簪 4 个。据我所知，帝、后、妃地宫的门管扇都是铜的，亲王相当于皇贵妃级别。可是这位大名鼎鼎的和硕果亲王允礼地宫的门管扇却是石制的，实在难以理解。

门洞的顶部是平的，用条石棚架而成，两壁是砖墙。门洞的北口上方有一石过梁，两侧墙角各有一角柱石支顶着石过梁。这根石过梁尽管很宽厚，但因承重过大，出现了一道裂缝。如果不尽快采取措施，裂缝会越来越大，甚至造成整座地宫塌陷。

在门洞内的地面上有一块自来石，全长 160 厘米，上窄下宽，上宽 26 厘米，下宽 32 厘米。自来石的顶部有一个倒"丁"字形的槽。这在我所见过的自来石中是唯一的。这个槽有什么用，有待进一步考察。

棺床全为石制，与北墙相连，面阔 512 厘米，进深 354 厘米，高 40 厘米。棺床的南侧立面凿作须弥座形。这座棺床的形制是很特殊的。以前我所看到的棺床除慈禧陵的外，两端皆与东西墙相接，而这座地宫的棺床却不与东西墙相接，而是与墙各有一个 49 厘米的空当。更为特殊的是，棺床的南侧不是直的，整个棺床的平面呈"凸"字形。也就是说正中棺椁下的棺床南侧向前凸出一块。凸出部分的棺床面阔为 190 厘米。显而易见，中间是允礼的棺椁位置，是有意向前摆放，意在突出允礼的尊贵。两侧应该是允礼的福晋和继福晋，也可能是侧福晋。这种棺床的形制还是首次发现。其他亲王的棺床是否也是这样？如果第二个、第三个亲王的棺床也是这样，那么这种形制就具有普遍意义。

棺木被拆散，板片扔得到处都是。根据考察推断，地宫里可能有三具棺木。通过对棺木的测量和考察，三具棺木的大小都不一样。椁帮的长度分别为 260 厘米、252 厘米、250 厘米。东侧的椁底的长度为 252 厘米。椁帮和椁底的长度是一样的。东侧棺位的尊贵程度仅低于正中棺位，西侧棺位则又低于东侧棺位。这与居中为尊、左为贵的传统理念是完全符合的。椁的外表底色均为朱红色。椁的两侧绘画五爪行龙、云朵，下部为海水山石，椁的堵头绘画正龙、云朵。所有图案均为金色。红、金两色十分鲜艳，交相辉映，在灯光的照射下，闪闪发光。允礼卒于乾隆三年（1738 年），距今已有 275 年了，椁上的绘画仍然如此鲜艳夺目，实在令人难以想象。我找到了两个椁底，一个宽 140 厘米，另一个宽 145 厘米。棺木为标准的"葫芦材"。通过对这些散木板的考察，竟没有发现内棺的木板片。是没有内棺，还是内棺的木板片被烂砖头和椁板片压盖住了，不能看到？按正常情况下，亲王棺木应该有棺有椁，不能只有椁，没有棺。乾隆帝的容妃（香妃）只有椁没有棺，那可能是与墓主人信奉伊斯兰教有关系。此例该当别论。

在东侧棺位的四角棺床上有像角铁截面似的凹形槽，我认为这槽应该是安设龙山石用的，可是我们在地宫里找了半天也未找到龙山石性质的石构件。

在地宫里，随处可以看到人的遗骨。我在棺床上的北面墙根下的砖头缝中发现了一个比较完整的人的头颅骨，我把它拿起来，放在明处，用相机拍了下来。我们还在棺床下偏东地方看到了一个下颌骨。

棺床下有十几厘米深的水。这时已是 11 月底，农历十月初，清东陵的四座地宫早已没了潮气，十分温暖，而这座地宫内居然还有水存在，这说明在阴雨连绵的夏季积水会更多。

我们在地宫里工作了两个多小时，快 12 点了，该拍的拍了，该测量的测了，于是准备撤离地宫。孙健生出于好意，让我先上去。他在下面拽着梯子，我蹬着梯子往上爬。出地宫比进地宫要吃力得多，不仅手和臂要用力，脚和腿也要用力。所以费力，主要是因为梯子是活的，乱晃悠。幸亏有孙健生，否则我上来还真会成问题。孙健生年轻有力气，没费多大劲就上来了。

这次平安顺利地探视了果亲王允礼的地宫，我兴奋不已。因为从此揭开了清朝和硕亲王地宫的奥秘，对于研究清朝陵寝制度有十分重要的意义。

（作者系清东陵文物管理研究室原主任、紫禁城学会理事）

溥仪的替僧

———

周均美

  1908 年旧历十月二十日傍晚，大清皇族醇王府内一个大哭大叫的孩子被抱进宫里；十一月初九，这个 3 岁的孩子便举行了"登极大典"，稀里糊涂地成了中国封建王朝最后一个皇帝。大家知道，他就是爱新觉罗·溥仪。然而，人们是否知道，这位皇帝在登基之时，还有一个喇嘛代替他出家呢？

  话要从古代说起。早在 1000 多年前，梁武帝萧衍残酷地搜刮民脂民膏，尽情享受帝王之乐，另外他为了欺骗和麻醉广大劳动人民，大力提倡和推崇佛教。为了表示信教至诚，他除了大肆修建寺庙外，还三次舍身同泰寺，高座讲经。之后由臣僚们选择"替僧"——找人替皇上出家入寺，把皇上"赎"回朝廷。

  如此，就笃信佛教的皇帝来说，既可照常稳坐龙位，一呼百应，不失"人主"的威严，也不弃现世的享乐；同时又有他的替僧在为他"虔诚"修行诵经，以祈今生善终、来世洪福，真是两全其美。于是替僧制便在封建帝王间沿袭相传，直至溥仪。

溥仪的替身是个喇嘛。因为清朝早在入关前，就接受了西藏达赖四世亲传的喇嘛教——黄教，后将黄教尊为国教。数百年来，清宫内的帝后王孙无一不对喇嘛顶礼膜拜。

因此，依照清廷惯例，新皇帝一登基，就要选择正式替僧。作为皇帝的替僧，最重要的一条是和皇帝的年岁、生辰八字不可相克而只能相生；相貌还须堂皇；此外对佛教的理论、仪轨等也得学修有素。当时有个名叫孙琥的喇嘛具备了上述条件，因此就被选作了溥仪的替僧。逢有宫中传统节日或历代帝后忌辰，孙琥就带领嵩祝寺、雍和宫的喇嘛诵经、修持密法。故宫内的宗政殿便是他们诵经修法的场所。

后来，溥仪潜逃东北，依靠日本人当了所谓"满洲帝国"的儿皇帝，干了许多祸国殃民的坏事；他本人亦在日本人的监管下身不由己，惶惶不可终日，而只得求助于念经占卜、求神拜佛，弄得一家子都跟着他疑神疑鬼，神神颠颠。此时溥仪自然也无须什么替僧了。

我的皇娘生活

———

李玉琴

这里，仿佛一切都在做戏，处处充斥虚伪。溥仪登上了"皇帝"的宝座，却把灵魂拍卖给了日本军阀，成了地地道道的傀儡。他上朝时受制于人，退朝后却想让臣下和眷属绝对受自己的控制。有个女人，就是在这样的环境下，度过了自己的少女时代。她面对宫中的怪诞生活，困惑而又苦闷；同时，也可悲地充当了这出傀儡戏的角色，成为"皇上"的玩物和摆设……

她，就是被"册封"为"福贵人"的李玉琴。

李玉琴，伪满年代使她这个平民出身的汉族姑娘，糊里糊涂地成了唯一没有贵族血统的"皇娘"。

新中国给她带来了追求幸福的权利。在经历了一段坎坷岁月之后，如今，她作为国家的公职人员和长春市政协委员，既有一个公民应有的骄傲，也有一个令人羡慕的幸福家庭。

我并不是什么书香门第、官宦人家的千金小姐，怎么会和皇帝结了婚呢！"媒人"是日本帝国关东军参谋、陆军中将、伪满洲帝国"帝室御用挂"吉冈安直。他是日本派到东北直接做溥仪工作的大特务。我是溥仪的玩物，又是溥仪的"挡箭牌"。因为他害怕日本人给他娶个日本老婆，才选中了我。

我和溥仪结婚后过了两年半的日子，一点夫妇感情也没有。他所以选中我，不过是在几百张照片中"朱笔"一点，竟点到了我的头上。他最初见我时，向我说了好些"日满一德一心"的话，把我当作了日本人派来的奸细；以后他亲自管教我，愚弄我，掌握了我的灵魂，监禁了我的肉体，他才放心。

我进入伪宫，被监在大圈圈中的小圈圈里，同外界是隔绝的。这篇回忆录，是写我从被骗入宫到日本投降这段时间里的亲身经历和所见所闻。

我的身世

我于1928年出生在长春市乡下，是妈妈的第六个孩子，上边有两个哥哥，三个姐姐，后来又添了一个小妹妹。我们是一个兄弟姊妹多的家庭。

我们祖籍是山东莱州府人，辈辈是贫雇农，从我爷爷那辈逃荒来到东北当佃户，过着有上顿没下顿的日子。爷爷在贫病交加中死去时，爸爸才十来岁，给地主放猪，经常受气，奶奶就送他到城里饭馆学手艺。

妈妈也是贫农家庭的姑娘，勤劳善良。每天要做全家人的饭，还要下地干活，晚上在油灯下缝缝补补。虽然孩子多、生活苦，一个个可都是穿得干净、整齐。她现在70多岁了，还是那样热爱劳动，从不说累。

爸爸为人忠厚，别人生活有困难，他把钱借给别人，以后也不要还，亲友都叫他"李老好"。

我六七岁时，全家由乡下搬到城里来住，以为城里生活比乡下可能要好些，结果还是很困难。有一个时期揭不开锅了，就到所谓"慈善家"开的粥厂去喝粥。我长到十四五岁时，只穿过三件新衣服：一件是姐姐给做的，一件是用压岁钱做的，再一件是利用学校假期到烟厂做临时工挣点钱做的。两个哥哥都因家庭生活困难，没念几年书，十四五岁就出去当学徒。大哥开始学铁匠，岁数小不行，后来到印刷厂做工，当过一年伪警察，新中国成立后是一般干部。二哥学木工，现在还是木工。三个姐姐同样没念多少书，在家里做些针线活或别的手工副业，挣点钱贴补家用。我和妹妹上学的费用，就是姐姐们挣的钱。我们下学回来，也要帮着缝缝袜口、毛衣边，挣点钱买纸笔。那时上学，只能上民众讲习班或道德会办的学校，因为这些学校是免费的。我被选入伪宫前，念了六七年书，可是小学还没毕业。

入宫经过

1943 年 2 月，我在伪新京南岭女子国民优级学校上学。有一天，日本人校长小林带着女教师藤井忽然到各班挑选学生，从每班 60 人中挑选三四名，条件是学习好、长相好的。选好了的集合在一起，由他们带着到一家较大的日本人开的照相馆，每人照了一张四寸相片。照相的共有百十人。本来孩子们都喜欢照相，可是这天不同了，谁也不知日本人的葫芦里卖的是什么药，都是怀着忐忑不安的心情。全体照完以后解散回家。我家在二道河子，离照相馆足有十几里地，下午三四点钟，好容易才挨到了家。

第二天，同学们都互相询问、猜测，提出了一连串的问题：为什么叫咱们照相呢？为什么都照单身相呢？相片照了给谁呢？去问级任教师，级任教师姓孙，是个女老师，中国人。她也为这事很不放心，可是她比我们知道得还少。大家认为，不叫日本学生去，专叫中国学生去，不会是什么好事。有的同学说：可能把咱们送到前线去伺候伤兵；也有人认为要送到日本去受训，然后再送到前线去。总之，议论纷纷，非常害怕，好像大祸临头，其他同学也都为我们担心。第三天，照了相的同学，有的不敢来上学了，有的申请退学，有的一家人都急得直哭。我当时想，事已经摊上了，相照了，相片也叫日本鬼子拿走了，退学也没有用，到底是福是祸，到时候再说吧。

过了两三个星期以后，这一天是星期日，我正在排队买东西。那时针织品施行不定期配给，由早晨排到中午还没买上。忽然妹妹跑来了，说咱家来了两个日本人，叫你马上回去。我问什么人？她说是一男一女，说是你们学校的。我当时想，大概是为相片的事来了。到家一看，果然是小林和藤井。我母亲在地下怔着，也不知是怎么回事儿。我们房东也在屋里陪着，还找了邻居一个男学生当临时翻译。我刚一进屋，藤井就和我说："好的，大大的好的，皇帝选你到宫里去念书的。"一边说着，一边拉着我的手，满脸堆笑看着我。小林也对我说："选顶好的学生，皇帝陛下选的，到皇宫里念书的。"

小林这家伙在学校里大家都恨他，因为他不讲理，又厉害，上课时，别说是说句话，动一下都不行。用日文背《国民训》《诏书》，错一点就罚站，用小藤子棍打人。他告诉我到皇宫里念书，我问他："要不要学费呀？能不能念到大学毕业呀？""不要学费的，能到大学毕业的，大大的好的，你的去的好。"藤井回答我。

"能不能让回家呀？"我又问。"能，能，可以回家的。"小林忙着回答我。

我当时也没表示去还是不去。妈妈一直用疑惧的眼光看着这两个日本人。

房东用谄媚的眼光瞧着小林说："这可是姑娘的好福气！"转过脸又对我妈说："这样好事，哪儿找去呀，快让姑娘去吧。"

"等她爸爸回来，商量商量再说吧。"我妈说。她是担心女儿受委屈，谁知道日本鬼子搞的什么把戏。

"我大哥回来也不能不愿意，"房东说，"这是大喜事呀，别人家哪儿找去呀，大嫂，你就答应了吧。"

小林又问我爸爸在哪儿做事，我妈说在田家馆子。小林说："她的爸爸不乐意的不行，这是皇帝陛下的命令，我们去找他。"

小林随身带着照相机，又给拍了几张照片，然后小林、藤井和我，带上那个临时翻译去找我父亲。到了饭馆，我父亲一看日本人找他，吓了一跳，以为我惹下了什么祸，赶紧满脸赔笑地迎上去让到里边单间，挑好的菜端上来请他们吃。饭菜端上来后，小林、藤井大模大样往那儿一坐，父亲在旁小心伺候着。这顿饭钱，不用说当然要写在我父亲账上了。吃饭当中，小林叫临时翻译对我父亲说明来意。我父亲听了之后问道："能有这事吗？一共去多少学生呀？""一共去好几个呢。"小林说："你的姑娘大大的好，送她到皇宫里念书。皇帝陛下喜欢的，这是他的命令。"

我父亲听说是皇帝陛下的命令，吓得没敢说什么，只说了一句："等我回家和她妈商量商量吧，她太小，走了，妈妈不放心，最好选别人吧。"小林听了，摇着秃脑袋说："不行，不行，皇帝陛下选的。现在我把她送给另一个大官的去看看，不行的我再送她回来。"小林也不等我父亲回答，叫藤井拉着我的手就往外走。我回头望望父亲，他正焦急地看着我，我小声安慰他："别着急！我还回来哪。"

我一直被送到日本军官吉冈安直家中。稍等了一会儿，吉冈出来了。穿着一身黄军装，大马靴，佩带大军刀。他是个矮胖子，满脸横肉，黄里透黑，两只老鼠眼乱转，好像要钻到谁心里看看才舒服似的。薄片嘴有点像猪嘴岔儿，真是长得又丑又恶。本来在伪满时，不论大人小孩，见了穿黄军装的人都要躲着走，凡是穿着那身虎皮的可以随便打人骂人，坐车、吃饭不给钱，谁要惹着谁倒霉。我当时看到他，既害怕又讨厌。他一进屋，下女（日本女用人）赶紧迎上来给他脱去外衣。他非常神气地往椅子上一坐，下女跪在地下给他脱下了马靴。小林、藤井上去给他行了好几次九十度鞠躬礼，又把我叫到他跟前，我也向他行了礼。他微微点点头，将我浑身上下打量了一番，说了一句："顶好！"又问了问我多大年纪，家里还有什么人，爸爸做什么等等。然后和小林讲了半天日本话，可能小林告诉他我父母不太同意，他站起穿上衣服，就叫我们和他一起走，也没说上哪儿去，出门就上了轿车，车一直就开到我们家。

这时候，家里正开家庭会议，父亲也请假回来了，已婚的三个姐姐和大哥都回来了，房东也在，临时翻译也请了过来，正不知怎么办好。只有房东高谈阔论，正在劝我父亲："大哥，这可是你们李家祖上的阴德，才能摊上这样的好事儿，平常人想进皇宫都不行，你还有什么不放心呢？"正说到这儿，我们进了屋，大家全都站起来。小林和临时翻译把吉冈给我父母一介绍，我父亲赶紧鞠躬，母亲也跟着弯弯腰。吉冈也不客气，一屁股坐到破炕席上，两只老鼠眼先把屋里扫了一圈，挑了挑眉毛这才开腔：

"皇帝陛下的命令，好的学生选到宫里去念书，念书好的皇帝陛下喜欢了，还要选作妃子。"

"那能行吗？"我爸爸一听说还要选作妃子，赶紧说，"一个穷孩子任什么也不懂得。"

我妈妈、姐姐也都问，还能让我回家不能，以后还能见着不能？吉冈有点不耐烦，把眉毛一挑，嘴里哼哈地答应："能行，能行。她的顶好，皇帝陛下相片看了顶喜欢的。"说着随手拿出了一百多张四寸单人相片给我们看，还说："可以回家的，你们也可以常到宫里去看看她。那时候你们可以住大楼，吃好的，喝好的，有很多的钱，统统的皇帝陛下赏给的。"一边说，一边比手画脚，还顺手掏出五元钱，给我小妹妹买糖。我们一家听他说得倒挺好，谁知道这是真话是假话，一时谁也回答不上来。房东早已忍不住了："这可是姑娘的福气，也是你们老李家祖上有德呀！"又向我父亲补充道："大哥别犹豫了，错过这个机会可没处找去呀。再说，这是皇帝陛下的命令，可不能违抗呀！"我当时想，去了之后，能念书，还不要钱，这可是我盼望的事，看样子还许能有点别的好处，也许打这以后不再受穷了，不受欺侮了。吉冈说着，站起来就要走。这时我母亲给我找出了一件黑地黄花新麻绸面的棉袄让我换上，这是我的唯一的一件新衣服。姐姐们也忙着给我整理整理鞋袜，妈妈、爸爸赶紧嘱咐我常回家看看，好好念书、别贪玩，要像个大姑娘样子，事事要加小心，别多说话。临走之前，妈妈和姐姐都掉下了眼泪，我心里也挺难过，忍住眼泪安慰他们："到那儿好，我就待下去；不好，我就跑回来。"一家人送我上了车，车走出多老远，我回头一看，他们还在瞧着我呢。从此一走，真好比鸟儿入笼，想飞也飞不回来了。

　　当天晚上，我被送到藤井家里，她给我洗了澡，给我做的日本饭吃。我长那么大也不懂得什么叫失眠，那天晚上我怎么也睡不着，想了很多的事：这回可不用为学费担心了，还可以上学，大学毕业之后，我是当老师，或是当大夫，挣了钱一定给妈妈……皇宫里的人好不好呢？能看得起穷孩子吗？平常那些官老爷、阔太太都是用嫌恶的眼光看我，甚至捏着鼻子躲着我，吉冈不就是这样的人吗！想到这儿，真使我不高兴，可是又一想：吉冈说的那些好处，要真都实现了，我个人受点罪也愿意。就这样翻来覆去地想，一夜也没睡着。天一亮我就起来了要出去。藤井问我上哪儿去，我说："附近有一个要好的同学，我去看看她，她就住在东边第三栋房子。"藤井很不放心，一直看着我进了那院，一会儿就把我找回来了。当然她是受了吉冈的命令在看着我，如果我走了，她非受处分不可。我到那院见到我的同学，把到皇宫里去念书的事告诉了她。

"好啊！你真有福气呀，"她说，"为什么不高兴呢？"

"还说不定是怎么回事呢。"我说，"日本人那么坏，谁知道他们说的是真话是假话。"

"可不是吗，日本人坏极啦！"她嘱咐我，"你到那儿，可处处加小心，如果对你不好，你就跑回来。"

吃完早饭，藤井领我去理了发，给我仔细修饰了一番，又领我到了一家大医院去检查身体。那天我的三个姐姐也到医院去找我，可是没见着，也许吉冈有意不叫见。从医院出来，她领我到吉冈家里。吉冈没在家，他老婆出来接待我们。她有四十来岁，脸上搽了一层厚厚的白粉，穿着日本和服，打扮得非常讲究。一见我就满脸堆笑，问我几岁啦，在哪儿念书呀？拉着我的手让我坐下，显得挺亲热似的，又夸我长得漂亮，拿出很多糖果让我吃。对我说："到皇宫念书大大的好！送你到那里去享福的。以后不要忘记我们，给我写信，日本人大大的好！"她连说带比画，还叫藤井翻译，又问我："以后我到皇宫里去教你念书，好吗？"我说："好，让藤井老师也一块去吧。"她又问我会不会唱日本歌，叫我唱给她听，又夸我聪明。然后给我梳梳头，整理整理衣服，我们三个人坐汽车一同到了溥仪的二妹韫龢家里。

韫龢，那时称为二格格（满族的称呼，即小姐）。她和溥仪是同胞兄妹，和郑孝胥的孙子结的婚。到了二格格家，用人把我们让进了客厅，屋里有许多摆设，瓶瓶罐罐五光十色。墙上挂着许多字画。吉冈老婆和藤井不住地啧啧称赞。

一会儿，用人端上来两大盘糖果，吉冈老婆和藤井大吃起来，让我吃，我没吃。一会儿，二格格出来了，正像我平时所见的官太太一样，挺着胸脯，眼睛往前看，真是有板有眼的，在众人面前摆出超人一等的姿态，好像除了溥仪以外，谁也没有她大似的。吉冈老婆和藤井一见二格格进来，赶紧迎上前去，一边翻日本话，一边鞠躬，也不知鞠了多少个躬，才算行完了这个见面礼。经过介绍，二格格用非常傲慢的眼光看着我这穷孩子。我给她行个学生礼，她微微点点头，然后把我很不客气地打量了一番。当时什么叫皇上，皇上妹妹有多大身份，我也不懂得，对她那种神气的样子我看不惯。她们虚伪客套了一番才坐下来。二格格又让大伙吃糖喝茶。待了一会儿，由二格格带着我上了汽车，直奔宫内府，车过了好几道门才停下来。这时二格格就请吉冈老婆和藤井回去。吉冈老婆打算和二格格一起进去，可是二格格婉言拒绝说："谢谢，不用了，你们都很辛苦了。"我当时倒对藤井有点舍不得似的，她为人很好，也很苦，丈夫早就战死，儿子也被征走了，剩下她一个人，当一个普通教员。她对我是执行命令。她也恋恋不舍地叫我给她写信，有工夫去看她。

她们二人走后，剩下我和二格格挺别扭地待了一会儿，她先拖着长声哼了一声，然后告诉我："见了皇上要磕头，一定得称呼'皇上'，不能您啦你啦的。"

"我不会磕头呀，"我说，"我们家的规矩是没出门的姑娘不兴磕头的。"

"见了皇上不磕头不行！"她又说，"你不会磕头，还没看见过磕头吗？往下一跪，磕三个头就算了，本来还得行三跪九叩礼呢。"

车子到了一所楼房下面，我们下了汽车，从屋里走出来几个男人，带着笑说："格格您来了。"她说："你们上去给我回一声。"同时又过来一个人，拿着喷雾器给她浑身上下喷了一遍，她还伸胳膊拉腿前后转个圈都喷到了，我也前后喷一喷。后来才知道凡是到宫内去的人都要消消毒，以免带进传染病。二格格领我上了溥仪住的楼。楼是两层，四围有一圈平房。到了二楼，上楼梯时，我恍惚看见了一个高个儿男人，一看见有人来，连忙躲到另外一个屋里去了。

"初觐天颜"

二格格把我领进一间屋子里，这屋里也有许多陈设，可是比不上二格格客厅里摆得那么多、那么讲究。我们围着圆桌坐下来。

一会儿，进来一个男人，正是我在楼梯上看见的那个人。宽肩膀、细腰，戴眼镜，穿着深绿色呢子衣服，不是军服，也不是协和服，领子上还戴两个铜花，很潇洒地大步进屋来，样子很和气，看来还不到30岁。他就是溥仪。二格格赶紧站起来，双手捂着腿往地下一蹲，大概是行礼的意思，又告诉我赶快给皇上磕头。我跪下磕了三个头。溥仪说："快起来，快起来！"他把我拉了起来，发现我手很热，连忙问："是不是不舒服了？"我说有点头疼，他又摸摸我脑袋，说我发烧了，拿来了体温计给我试了试，果然有些发烧。溥仪就传出话去，叫拿点退烧药来。又说，今天晚上早点休息吧，出点汗就会好的。实际上，我前一天晚上一宿没睡，这两天精神又紧张，又跑了一天，当然就有些不舒服。这时二格格看见她哥哥对我有些喜欢，对我也就亲热点，就附和说，回头打一针退烧药，早点休息就好了。

屋里挂着一张溥仪画像，他问我画得好不好？我看看画，又仔细看了看溥仪，我说："画得不太像。"他听了哈哈笑起来。溥仪说话声音宽厚，是男低音，笑起来也很爽朗。笑完了又和二格格交换一下眼光，两个人又都笑起来。回过头来又对我说："对，你说得对，画得是不太像。"（后来我曾问他当时为什么那么笑，他说谁敢那么直瞪着眼睛看他，谁都是奉承地说这幅像画得太好了。）然后又问我吃饭没有？我说没有。他又赶紧叫人去给我预备饭。又问了问我的家庭情况，在哪儿念书，我都直率地回答了他。

我问溥仪，不是叫我上这儿来念书吗？他说："是要念书的，等给你请个好先生教你。"我心想：好，闹了半天，老师还没有请呢。我又问他："怎么就我一个人呀？"溥仪扶了扶眼镜，笑了笑说："我不喜欢那么多人，人多了感情不专一，处不好。头两天来了一个，我没有看中，又打发回去了。"说完就似笑非笑地看着我。他当时是在捉摸我是否喜欢他，他满以为我知道是要来和他结婚的，哪知道老奸巨猾的吉冈诡计多端，根本没那样说。我当时问的是念书，他回答的是不喜欢老婆多，多了会不和睦，闹事儿。真是所答非所问。

一会儿，摆上饭来，四个菜，一个汤，还有馒头、花卷和一盘点心。我看端上来这样快，就问："这是饭馆买来的吧？"溥仪笑道："不是外边买的，是膳房做的。""膳房？"我听着怪生的，也不懂是什么意思。

吃饭时，二格格就回去了。溥仪劝我多吃点，又让我尝尝甜点心，我那时还不习惯在吃饭时吃甜点心。我让他一起吃，他说等一会儿。当时菜饭虽然挺好，可是皇上吃的还要比这好得多，他当然不能和我一起吃了。

我吃完饭，他拿起一串念珠对我说，要做功课，祈祷日本皇军打胜仗，咱们好过幸福生活。我听了很奇怪：我从来没有听谁说过愿意日本人打胜仗，老百姓都盼日本人快打败仗快完蛋。那时每到中午鸣汽笛，必须作默祷，老百姓有个顺口溜："默祷，默祷，打倒日本鬼，大家好吃饱。默祷，默祷，快把日本鬼打跑，老百姓才得好。"所以我听溥仪说给皇军默祷打胜仗，真有点不相信自己的耳朵是不是听错了。以后我问他为什么这样说，他说怕我是日本人派来的特务，所以故意说点这种话，其实他是要念佛经。

饭后吃了点退热药，溥仪叫我就睡到他的寝宫里，我不同意。他问我："那么你在哪儿住呢？"我说："我一个人住一间屋子。""那你不害怕吗？""不害怕。"

后来就决定让我住在同德殿。溥仪马上吩咐："在同德殿楼上给李小姐安个床位。"他亲自领我到了同德殿。

同德殿在缉熙楼东边，就隔着一层院子。墙是米黄色，黄琉璃瓦顶，听说是由北平运来的。楼上尽东头的一个大间做我的客厅，接着是过道、浴室、化妆室，一间是我的寝室。

那天晚上，溥仪特别高兴，就在我新屋子里摆膳，真是堂上一呼，堂下百诺。不大工夫，摆上桌子，铺上雪白台布，一个跟一个地提着盒上来，共有十来个菜。每个菜都放在六寸高的罐子上，罐子盛开水，菜不容易凉。罐是黄色带彩花的，有"万寿无疆"四个字。主食有馒头、花卷、干饭、稀饭，还有六盘点心，咸甜两种。溥仪拿起一个叫炸排叉的点心叫我尝尝，我说都吃饱了不吃了，他笑了笑又放下了。后来我才知道，如果皇上给东西，叫"赏的"，一定要马上接过来，跪下磕头谢赏；如果是吃的，不管饱饿都要接过来马上吃了。我哪里懂得这些呢！

溥仪吃完饭，用人送上漱口水，又端上一碗茶。溥仪悠闲地坐在沙发上，抽烟，又说了会儿话，才回去。第一天他给我的感觉是：待人和气，没官老爷架子，举止文雅大方。当天晚上，派了两名老太太来伺候我。

来念书，还是来伺候"皇上"

第二天吃完早饭，我想到院子去玩玩，可是老妈子说："小姐，这里不能乱走！"我听到"小姐"这个称呼，非常别扭。但是在没有"册封"以前都要称为小姐。她们不但不叫我到院里玩，走一步都跟着我。我对这种小心伺候并不觉得舒服，只好在两间屋转悠，什么事也没有。也没有别人，就两个老妈子。她们也不和我说话，问什么都说不知道。我问在哪儿念书？有几个学生？都说不知道。我闷闷不乐，有生以来第一次感到失去了自由。

白天没有看见溥仪，晚上六七点钟他才过来。我第一句就问他什么时候叫我念书，怎么就我一个人呢？他停了一下说："以后会让你念书的，别着急！我就喜欢你一个人，我选你到宫里来伺候我，人多了我不喜欢。"说完了又看着我笑了起来。

当时我心里觉得可真奇怪了，明明说好叫我到宫里来念书，又说如果念好书，也许选为公主（我当时并没注意公主不公主，就想能不花钱念书是好事），怎么是选来伺候他呢？

溥仪又接着说："这也是咱们俩前生的缘分注定的，从那些相片中，我就选中了你，前天也来了一个，我不喜欢她，把她打发回去了。过几天，叫二格格教给你规矩礼节，以后再选个日子给你行'册封礼'。"

我对这一段话也不大懂，又是伺候，又是册封，到底玩什么花招？怪不得别的学生都不来，人家都是心眼灵，不上当，就是我偏贪图不花学费可以念大学。我想，反正我不当底下人，不伺候人，看你把我怎的！

溥仪看见我不高兴，以为我是想家了，说以后可以让你父母来看看你，又问我病好了没有？吃药没有？又叫去找大夫给我看看。

我问他："为什么不许我出屋子，院里不能去玩玩吗？"他说："可以，不过要先告诉老妈子，叫她们把院里闲杂人轰开，你再出去。"当时他就叫过老妈子，嘱咐她们好好伺候，陪我到院子里玩。他又说："你要闷得慌，明天给你个无线电收音机。"

第三天，真就给抬来了一个三尺多高的无线电，带电唱机，能自动换片子，也可以录音，长短波都有。这回我高兴了，以前哪看见过这么好的无线电呢！我最喜欢音乐，买了很多唱片，没事就听。我想：可也不错，也不叫干活儿，还有人伺候我，每天还吃得挺好。

溥仪每天晚上来，玩一会儿就走了，他说他白天忙，不能来。又过了两天，溥仪给了我一大堆玩具。别的我不记得了，有一个二尺来高的洋娃娃，放在玻璃罩里，我特别喜欢。以后，这个洋娃娃倒真成了我的伴侣，没事我就抱着它玩，晚上陪着我睡，遇有不痛快的事没处说，就向它哭诉一番，它总是对我笑眯眯的。屋里还摆着一对瓷公鸡，六七寸高，纯白的，红冠子，非常好看。还有一对半尺来高的瓷狮子。床档的屏风上面绣的麒麟，张牙舞爪的，非常威武。我没事就摸摸这些哑巴动物。我最喜欢的还是那洋娃娃，后来从长春走时，还带着它。

第三、四天，溥仪带着我到他乳母的屋里看了看，旗人叫乳母为"嬷"。原来有两个，大的死了，这位叫二嬷。她住在浆洗房旁边一间屋子里，当时有60岁上下。她出身于穷苦家庭，19岁上守寡，带一个小孩，无法维持生活，就出来当乳母，奶的溥仪。以后，她的亲生儿子死了，溥仪对她很好。她看见溥仪来了，就说："万岁爷吉祥。"老太太是慈眉善目的，溥仪叫她看看我，说："这是李小姐。"二嬷可能知道我将来的身份，又看见溥仪很高兴，笑眯眯地说："多好的长相，真是福相！"又看看我的手，说："手长得秀气，一定聪明。"夸得我有些不大好意思，可是溥仪听了这话就更加高兴了。

学请安

又一天，溥仪来告诉我："溥俭之妻，还有小格格来了，你和她们玩玩吧。""溥俭之妻"这是溥仪的话，一般官称"六奶奶"，因为溥俭行六。小格格名叫菊英，我见她时她已有三十多岁。俭六奶奶有二十多岁，名乃勤，姓叶赫那拉。溥仪告诉我，和她们见面时要行礼，用旗人贵族的礼节"请安"，我哪懂得什么叫请安呢，我说我不会。那时还没有受封，见面时是以常礼相待的。溥仪说："你没听过《四郎探母》那出戏吗？就像公主行的那个礼似的。"我说："我长这么大，也没看过两出戏，什么《四郎探母》我不懂。"这下可把这位皇上老爷子难为住了。没办法，他来给我做示范表演。可惜他长这么大，净去受礼了，行礼怎能行得好呢？再说请安也有好多样儿。他做了半天，我也没学好，把他累得够呛。最后说："这样吧，你就直腰往下蹲，两只手放在膝盖上。以后再和她们学学吧。"就这样，算学了第一个礼节——请安，启蒙老师就是溥仪。

当时的规矩礼节也不统一。溥仪在外廷会见伪文武官员，用鞠躬、举手、握手礼。鞠躬必须是 90 度。三鞠躬这是最高敬礼，他很少用，就是上日本去给日本皇太后和天照大神要行鞠躬礼。握手是西欧礼节，举手礼是穿军装时用的礼节。他在外廷见文武官员时多半穿上军服，大元帅服，分正装和便装，带军刀，穿马靴，佩戴许多勋章。他在内廷穿便服（西装）时候多。每逢节日，给祖宗磕头时，他还是穿上清朝时皇帝的礼服，不过他不大喜欢，也不经常穿。在伪内廷来见他的差不多都是老臣和本家，一般伪大臣到不了皇帝内廷，有事在"勤民殿"会见。所以内廷的礼节和外边不一样，大致还是沿用清朝那一套，磕头、请安。说话时，要自称"奴才"，称溥仪为"皇上"，答应时，不能说

"哎"或"是"，要像戏上那样："嗻！嗻！"我乍去时，不习惯，顺口就说了"你"，或是"哎""嗯"地答应。溥仪倒还原谅我，就说："你又忘了。"我赶紧改过口来。

请安有双腿安，也叫跪安，是贵族礼节，双腿先后跪下。是尊卑差得远的，或是对长辈才用。女人另有"蹲安"，直着腰蹲下去，左腿蹲下保持平的，右腿向后撤半步，比左腿蹲下去矮一些，膝盖向下，双手放在膝盖上。我学了一个月，连腿都蹲疼了。还有一种平辈男人常用的礼，像戏台上"打扦"差不多，蹲得浅些，左手放在膝盖上，右手直着往下伸。

我那时见溥仪，每天只叫我鞠躬，隔几天不见才请安。用人见了溥仪，不是年节不行礼，只说一句"万岁爷吉祥"。用人称他为"万岁爷"或"老爷子"。年节时，我和溥仪都要给祖宗磕头，还有对佛爷和关羽也要磕头。若赶上"忌辰""诞辰"，就是溥仪祖先的生日和死日，要上供，烧香，溥仪亲自磕头。我在衣服颜色上要有所表示。忌辰穿素衣服，诞辰要穿花衣服，头上要戴花。忌辰日还禁止唱歌、听音乐。溥仪自然也是如此，逢到这日子，晚上就盼着快过 12 点钟，那就算是第二天了。

年节，我得给祖宗、佛爷、关羽，还有死了的谭玉龄磕头，给溥仪磕头，也得给皇后磕头。我自己的生日，也得给溥仪磕头。他的生日更得磕了，那不仅是我，所有人都要磕的。他的生日叫"万寿节"，我的生日叫作"千秋"。

宫中衣食

我一个人平常吃四五个菜，肉类有鸡、猪、牛、鱼，还有鸡蛋、蔬菜。至于海参、燕窝，平常很少，年节或是喜庆日子才吃。溥仪经常

"赐宴"，溥仪吃的是由膳房做的，伪官们吃的是由"大和旅馆"来厨师给做。第一次吃西餐，溥仪教我怎样使用刀、叉、匙子。西洋糕点也经常吃。还经常吃熏肉、酱肉，夹在烧饼里吃。我喜欢吃红烧小鸡，让一个叫静安的给做。平常的菜饭吃腻了就换换样，这些原先我都不懂得，别人就给我出主意，我再告诉用人叫膳房给做。

灯节吃元宵，有各式各样的馅。五月节吃粽子，也有好几样馅。中秋月饼，则不但馅多，样儿也多。这些应节食品，只在节日前后六七天吃，过了节就不预备了。还有九月九吃花糕，冬天吃糖葫芦，夏天吃五月鲜——莲子、藕、荸荠。水果每天都要吃几个。年节日子还有"果桌儿"，当夜宵吃，全是干鲜果品，如玫瑰枣、豌豆黄、山楂糕，有二三十种。

穿的方面，我没有什么一定的礼服，以旗袍为主，平常我也爱穿"布拉基"。

"册封"

清朝的制度，皇帝的老婆分七个等级，皇后（即"正宫"）一个，最高级；次一级是"贵妃"，两个；第三是"妃"，四个；第四是"嫔"，六个；第五是"贵人"；第六是"常在"；第七是"答应"；五至七级不限制人数。后、妃、贵人上面都冠个美好字眼，如"慈禧"太后，"隆裕"太后。

我进宫一个多月，溥仪挑了一个良辰吉日，给我行"册封"礼。我这个贵人的前边应当冠个什么好字眼呢？溥仪说：你是很有福气的样子，就叫"福贵人"吧，以后遇到什么不吉利的事情，用你的"福"就可以克服了。在我以前，溥仪一共有三个老婆，第一个是皇后婉容，第二个是淑妃，还有谭玉龄封"祥贵人"，死后封为"明贤皇贵妃"。

　　到了册封日子，溥仪在外廷受贺如仪，大摆筵宴，我因不大舒服，未参加宴会。不够参加宴会资格的人，由溥仪每人赏给一块洋点心。从那以后，我就不再是小姐，被人称为"贵人"了。行册封礼那天，由二格格替我梳妆打扮，穿上了一件金黄色的丝绒旗袍，这件衣服是溥仪指定穿的，用意是金黄色的可以替代礼服。按宫廷规矩，我应当有三套礼服，在伪满时已不兴了，就以这件来替代，他们认为黄色是最上的颜色。溥仪穿的用的就都是用明黄色，一般除溥仪赏穿以外，都不能穿。那天司仪赞礼的是二格格。以前有专人司仪，现在没有了，就用二格格来充当，她只怕说错，就忍不住要笑。溥仪那天情绪特别好，也抿住嘴笑。我跪下后，递给溥仪一把"如意"，他也回赏我一个。按清朝制度，本应当是赏给金印和金牌一类东西，现在没有，就以如意来替代。二格格在旁说着吉祥话，我行了三跪九叩礼。据说以前是行六肃礼，磕三个头，请一个安，磕三回请三回安，共为六肃礼。礼成之后，溥仪站起来哈哈大笑。二格格也放声大笑。随后由溥仪带着我给祖宗磕头。他说，按贵人身份，不能和皇上一同给列祖列宗磕头，这次是破例。磕时不能并齐，叫我在后边，错开半步。完了以后，就该是我受礼了。给我磕头的只有几个晚辈和用人。这天我心里很不高兴，记得我姐姐结婚时，我们家里人都去了，有很多亲友，道喜敬酒；这次我可好，一个娘家人也没有，连亲爹亲妈也看不见。吃饭时，有格格和某人之妻十几个在同德殿吃，溥仪由男的陪着在缉熙楼吃。女用人都穿上一件紫缎子的花坎肩，戴上一朵小花。陪伴我的人都搽胭脂抹粉，戴花，穿大花衣服。我还在同德殿正门外照了张相片，说是送给日本皇太后，另外，还以我的名义送点礼物，这是对"亲邦"的一种表示。

　　我到伪宫内本来是说来念书，结果是和溥仪结了婚。按当时制度来说，也不能算是结婚，只能说是被"册封"或"册立"。我和溥仪的结合，就是陪伴他、侍奉他。

深锁春光一院愁

我受册封前几天，溥仪把我叫了去，由他起草，给我订了一个守则，叫我亲自抄一份，作为我对他忠实的决心书，也可以说是誓言。详细内容不记得了，主要内容是：我要绝对服从他，要从思想里服从；他所反对的我绝对不做，叫我往东不能往西；不能为家里人求官、求钱，不准回家。总之，我是一点自由也没有了。凡事非经他批准才行。当时我一听这也太严格了，我的父母也没有这样管我呀。心里挺不高兴，拿起笔来乱画，没抄出一个字来，不知道怎么竟写出了一个"死"字。溥仪一看火了："好哇！你现在这么小就不听我的话了，将来还得了！我白疼你了，我还打算叫你跟我一辈子呢，这能行吗？你不高兴，好，明天就送你回去！别说是你，就是谁也得听我的呀。没听说过吗？君叫臣死，臣不敢不死，我还没叫你给我干点什么呢，你就不高兴了，看来我在你身上白费心啦！"他一边说，一边做出很气恼的样子。当时我想，外边都知道我和他结婚了，我在宫里也住了好长时间，再回家，叫人家一说能好听吗！其实我真要走，他也不会让我走。我赶紧说："皇上别生气啦！玉琴错啦，玉琴这就写。"我只好拿起笔来逐条抄下。溥仪又说："为了表示你的真诚，就在佛前焚了吧，让菩萨给你作证吧。"我就跪在佛像前边把守则烧了。这时溥仪高兴起来了，夸奖了我一番，和我好一顿亲热，说："我知道你能听我的话，你是个有根基的人嘛。咱们俩能碰在一起可不简单哪！多少有钱有势的姑娘我都不要，单单选中了你。咱们俩的感情会一天比一天好。"

我在伪宫内住了两年半，除了溥仪，我所能碰到的男人只有看病的大夫，还见过一次吉冈和梅津，此外再也没有见过其他的男人。我接触的女人，有溥仪的二妹、三妹、五妹，她们也不经常来；溥杰的妻子嵯峨浩，逢年节才来；常来的是"学生"① 家属：溥俭之妻桐荫，官称俭六奶奶，溥侠之妻叶希希，毓嵒之妻马静兰，毓嶂之妻杨景竹，毓嶦的母亲，溥仪的乳母二嬷，再有就是女用人。记得唐诗里有不少描写宫怨的："深锁春光一院愁""蜻蜓飞上玉搔头"，这种寂寞的生活，正是和我一样。

我按在家上学的习惯，吃完早饭，写字看书，然后到院子里活动活动，再回屋做点针线活。我从小活泼、好动，后来我想出办法，买了几十只小鸡，自己喂，觉得很有趣。有一夜来了黄鼠狼，咬死了十来只，我心疼得一天也没有吃饭，把死鸡都埋起来。

实在闷得慌了，就到二嬷屋去玩，这是我唯一可以串门的地方。二嬷挺善良，也很关怀人。我年岁小，有些不懂的地方，她就教给我。也给我讲一些规矩礼节和过去的事儿。我也和她玩玩骨牌。

俭六奶奶、侠二奶奶、嵒二奶奶、毓嶦的母亲，差不多每天来。来了先说点应酬话，什么"天气好、天气坏"啦，再不就是"您穿这件衣服真漂亮呀！化妆化得也很漂亮呀！"我们之间虽然天天见面，可是地位不同，不可能心里有什么就说什么，她们害怕在我面前失去了礼节要受处分。我本来是个孩子，但得装作大人，还要扮成一个贵妇人。开始，我也不大敢说话，怕说错了被她们笑话，只能顺语答音。她们说今天天气好，我就说天气不坏；她们说我的衣服好看，我就说"您那件也挺漂亮呀！"；"贵人身体好！""好，您身体好吗？"她们一般是在下午两点左右必到，问候寒暄完了就开始学习。大家到我的书房里，愿意写字就写字，或者是念点旧书，例如《六言杂字》《三字经》，我再给她

---

① 学生：宗族近支的王公子弟。每天念书，除请的老师外，溥仪还亲自进行精神教育，目的是培植心腹。

们讲一遍。然后到院子里去玩。天气不好，就到楼下去打乒乓球，或是弹钢琴，唱唱歌，有时也打起"麻雀牌"来。女红活儿，刺绣我在家就会，织毛衣是跟俭六奶奶学的，也经常互相讲讲故事。以后我经常自己做菜吃，也给溥仪送去。因为他总说厨房做得不好吃，我怕他吃不好，所以就单给他做点儿。他每次吃了都说好。我得到了皇上老爷子的鼓励，更爱给他做点吃的了。他还把张海鹏送给他的海参、大虾仁搁在我这儿，好给他做着吃。以后他吃素了，就给他做素的吃。同德殿院子里长了不少"小根蒜"，我把蒜苗割下来当韭菜使，和上鸡蛋给溥仪包饺子。溥仪没有吃过，所以觉得挺好吃。

伪宫中有一个小型电影机，有时演电影，但很少演故事片，多是新闻纪录片子，宣扬日本的威风。伪宫内府有一个乐队，有时给溥仪演奏。我爱好歌舞，可是溥仪不叫我听。说日本在打仗，一切文娱活动应当减少，我也没办法，只好不听。我还拍过两次电影，不太好，也不知片子弄哪去了。戏曲没有演过，伪宫也没有个舞台，没地方演，再说溥仪也不爱听。我在院子里练习骑自行车，但不能上街，老在院子里骑。

我和溥仪的关系，按地位说，他是皇上，待我也算不错。我有病，他在旁边守着。一些小的礼节，对我要求得也不那么严格。有时我做错了，告诉他一声就算了。他得到什么新鲜东西也能想到我。他对我表示过决心，就只要我一个，如果我死了，他决不再娶。一再祝愿我俩感情与日俱增，任它海枯石烂不能动摇。他说："除了你，我没有任何可高兴的。"还说些有福同享有罪同受的话。苏联飞机轰炸东北时，一响警笛，他就拉着我往防空洞里躲。这些都是他对我好的表现。可是他常说："你是我的。"我应当为溥仪生存而生存，为溥仪灭亡而灭亡。我这个附属品应当做些什么呢？他常常告诉我："我一天到晚都是烦恼的事情，没有快乐，只有到你这来我才能高兴，所以你应当多想办法使我一见就高兴。我不高兴的事你别做，也不应当和我谈。你的任务就是这个。"他又说："一个女人结了婚，除了侍奉公婆，照顾孩子，主要还是侍奉丈夫。何况我一天到晚挺累，更需要有人安慰我，陪我玩玩。"说这些话时，好像又伤感，又诚恳。我听了之后，觉得他一天为国家大事操劳，应当有个人安慰安慰他。

"学生"的宿舍就在同德殿后面。"学生"是不许天天回家的。几位奶奶天天来，也很熟了，我想同她们开个玩笑。有一天，我躲到一边，让她们去叫门，意思是叫她们的丈夫突然发现妻子意外地到来。哪知道这事溥仪知道了，他气势汹汹地责问我，劈头一句："你干的什么好事呀？"把我顿时问怔了，我说："我没干什么呀。"

"啊，这成什么体统！你给我说，你到底想干什么？"

"请皇上指出来吧，知道了，好改正。"

"你自己做的事，却来问我啊？我问你，你跑到学生宿舍去叫门是什么意思呀？"

我这才明白，是为了这事，我赶紧解释："我没有叫门，我躲在一边去了，叫别人去叫的，我就是想开个玩笑，叫他们出乎意料地和妻子见个面。"没等我说完，他又说："我问你，你当时是怎样想的？把学生叫出来你想干什么？"我怎么解释也不行。他一脸凶相，像审贼似的审问我，我实在受不了这种委屈，就伤心地哭了起来。他看我哭了，就说："这事怨我没把你教育好，我错啦！"说着顺手拿起扫床的笤帚要打自己。我吓得连忙跪下求饶："皇上打玉琴吧！"他说："我打你我心疼，莫若打我自己。"说着还要打，我赶紧把笤帚夺来。他又装出后悔不该这样，恨自己脾气不好，问我吓着没有，忙着给我擦眼泪，说："以后可别这样乱跑啦！你是贵人，做事得尊重一些，那样会叫人笑话你，也笑话我。"我当时真感激这位"有道明君"舍不得打我。他又说："人不能不犯错误，只要能改就行，所谓人非圣贤，孰能无过，过而能改，本来光明。"以后他又用米黄色洒金纸写了这几个字赏给我，成了我的座右铭。

伪宫里每逢春节，都摆几大盘苹果，上边插几朵红绒花，取其吉祥。苹果借"平"字音，平安的意思。大年初一早晨没有下床，先由用人送上来一盘苹果，还得咬一口，美其名曰"口咬平安"。1945 年春节，我一时高兴，给了勤务班一个男孩子两个苹果。他们是做粗活的，最大的不过十六七岁。不知溥仪得了谁的报告，气得脸都变了颜色，质问我："你凭什么给勤务班两个苹果？"我说："过年了，他们整年给我送饭送水的，给两个不行吗？""那还用得着你给，我养活着他们，什么也缺不了他们的。"又审我道："你当时怎么想的？给他们苹果是什么意思？"我想，他们一年到头挺辛苦的，我也没有别的可给，只能给两个苹果，就招来了他的一顿审问，我也真急了，又哭起来。他发了一顿威，就又安慰我说："别哭了，你记住就行啦！我不生气啦，再哭我可要生气啦。"我只得收住了眼泪。

我想起这两件事就伤心。没有"册封"以前，我觉得他对我不错，非常和气，举止文雅，大方，相貌也不错；以后，他给我订出了规章制度和礼节，渐渐不像以前那样随便了。他还给我讲了一番君臣之道，我和他是有君臣之分的。他不到我这边来，我也不能随便到他那边去，感情就不像初来时那样了。

溥仪给我的唯一的"神圣"任务就是陪着他玩，使他高兴。我和他在一起，他说怎的就得怎的。他一到我这儿就说累了，往床上一躺，叫我给他唱歌，讲故事，总说："用你那天真活泼让我高兴高兴吧！"可是我也有不高兴的时候，没有情绪给他唱歌，他就不愿意。尤其是使我最讨厌的是他往床上一躺，嘴里叼根烟卷，带听不听地叫我唱歌。

以后他除了给我讲些"庭训"悟言以外，还常讲讲佛经，不管内容多少，就是连念带讲一遍，就叫我回讲。佛经上有许多生字，我不敢说不会。仗着岁数小，学得快，勉强能回讲上来。要是讲错了，他就烦了。再不然就把灯一关，叫我和他"入定打坐"一两个钟头，用人们还以为我们睡觉了呢。

骨肉分离

溥仪说，他一辈子就要我一个人，决不再要第二个了。还说：你的父母就是我父母，你惦念你的父母，我当然也惦念。事实上，我的父母，一年只准进宫两次去看我，叫作"会亲"，其他兄弟姐妹就一次也没见过。

入宫后我同父母亲第一次见面，就在同德殿下，我一见他们就哭了。我见他们都瘦了，非常心疼。我问："怎么都瘦了呢？"我爸爸吓得赶快说："没有，没有。"我妈小声说："你走后一两个月，一点音信没有，家里人都急红了眼，害怕是日本人把你'祸害'了。到藤井那儿打听也打听不着，吉冈更找不着，哪能不把我们急瘦了呢。"头一次见面，我父亲还给我鞠躬，可把我吓坏了，我直拦着说："别给我施礼呀！"我爸爸还说："这是国礼，应当施的。"我止不住掉眼泪。我爸爸妈妈为儿女苦了一辈子，到头来还得给儿女行礼，这成什么规矩！以后我和溥仪说："我坚决不同意父母给我行礼。"起初他不同意。我说："我和二格格见面，还以平礼相待，我自己生身父母倒不如平辈？"溥仪无言可对，才同意了。只好说："忠臣出于孝子之门，你这样孝心很好。"以后再见我父母时，我还是照旧给他们行礼，他们点点头。每次来看，我父亲坐一会儿就先走了。有一次，溥仪开了天恩，让我留我妈吃饭，可是谁坐首位呢？最后我和我妈全算坐在首位。上菜时，放在我们俩跟前，其他人依次坐下去。溥仪知道我见着他们哭了，就说："你再别哭了，好像你在这受多大委屈似的。你不是愿意他们来吗，来了就应当高兴才好。你若再哭，我就不让他们来了。"我父母来了，只是一般地看看，也不能说什么体己贴心话，因为旁边总是有人。

我和溥仪结婚以后，给了我们家一万元钱，以后又给过500元，离开长春时又给了5000元。拿回去还还债，买点东西，又给大哥娶媳妇用去了一多半。

当时人家都知道我封为"贵人"了，大伙对我父亲说："你姑娘都当上了'娘娘'了，你就在家里当老爷子吧，干吗还干这低三下四的活呀！"我父亲只好把田家馆子的事辞掉，暗地里上头道沟一家饭馆干活，见到熟人就说是临时帮忙。并不是我父亲怕丢人，是怕给我丢脸，在宫里受委屈。我妈没有和我说过家里的种种困难，可是从我爹爹到别处去做工等情况也能想象出来。我却在宫内吃好的，穿好的，难道连爹妈都不管了吗，连手足都不要了吗？每天早饭四个菜，一个汤，还有四盘点心。我想，一个人也吃不了这么多，吃饭时干吗还得吃点心？我就告诉厨房，以后不必上点心，我还要换点粗粮吃，我觉得这样我心里稍微能安一点。可是以后溥仪知道了，问我为什么要吃粗粮？我说：我父母整天吃粗粮，我净吃大米白面，我觉得太不好了。溥仪说："那怎么能行呢？你是贵人，应当吃点好的，吃粗粮叫别人看见也不好看。再说你身体也要紧哪，吃粗粮把身体吃坏了怎么办？以后给你们家送点细粮吧。"不管他给不给，我不能吃粗粮了，不要点心，用人有意见，我不吃，他们还可以吃呢，所以一切都得照原样办。

我什么都得听溥仪的，否则就是不忠。他说什么我得诺诺连声。和他睡在一起，我连个身也不敢翻，恐怕碰着他，影响他休息。以后他在缉熙楼，我在同德殿，每天要等他到12点钟以后，或是他到同德殿来，或是把我叫去。他经常好几天也不到我这边来，即便来了，也不过是待上一两个钟头就回去了。我当时周围一个亲人也没有，他就算是我唯一的亲人，当然盼望他上我这边来，可是他有许多人陪着他，他一高兴也就把我忘了。有几次，我看到院子里花开得挺美，天气又好，我写了封信，叫用人去请他过来玩玩，头两次没遭到拒绝，以后就不再来了。有时，他带着他弟弟溥杰和学生到院子里玩，又说又笑，挺热闹。我在屋子里看见了，心想：我要能和他们一起玩玩，该有多好呢！可是有一道无形的"天堑"限制着我不能出去。

伪宫里，到了年节应当是非常的热闹吧，其实不然。谁家过年过节，不愿一家人团聚呢？而伪宫里过年，溥仪和一些男的在一起吃喝，他们的家属就陪着我在这边。吃的都是现成的，显不出一点过年的气氛。我们家过年，不管吃好的，吃赖的，全家一起动手做，吃起来那真是另有滋味。穷人家生活苦点，可是一家和睦，而宫廷生活多么空虚。没人时，我就抱着洋娃娃哭。

溥仪对我的"教育"

我问过溥仪，为什么不选一个大一点的姑娘，单要我这十四五岁的小孩子呢？溥仪说："以前的谭玉龄病了，吉冈介绍日本大夫给她看，不两天就给治死了，我怀疑是日本人把她害死的。过不多久，吉冈就拿来许多日本姑娘的相片，让我选一个。我被他们管得够呛了，要在我床上再睡个日本女人，我连气都不用喘了，我受得了吗？可是中国姑娘也可能是受过日本人训练的，所以我想挑个岁数小的，即使受过训练，我也容易把她再教育过来。"

正像他所说的那样，我年岁小，好教育。他经常告诉我，他是"天子"，生到凡间来替天办事，替天管理老百姓。天下老百姓也当然包括我在内，都要听他管教才行，叫我干什么就得干什么。否则便是不尊敬上天，不忠实于天子，天就降罪给我。还经常讲什么"天子权力"，"君臣大义"；什么"三从四德"和《列女传》的故事；古时候有多少后妃为皇上牺牲，作为我学习的榜样。更详细讲过八德的故事来教育我。也灌输一些迷信思想，说人生在世，享福受罪都是前世修来的。我所以能当了"贵人"，也是前世修的福，这辈子应当尊贵，应当享福。我毕竟是年岁小，渐渐认为他不是个普通人，连我自己也不是普通人了。我问过他："皇上说什么，玉琴都得听，都得照办。比如二加二等于四，皇上偏要说等于三，玉琴也得跟着说对，可是心里明明知道不对，那怎么办呢？"这问题他回答不上来了，就拿出天子的威严来，说："对！我管得你的嘴，管不了你的心！"我吓得忙给他赔礼认错，直说："皇上管得了玉琴的心。"

我在溥仪的教育影响下，学会了摆架子、拿身份。自己也认为自己命大、尊贵，应当坐享其成，奴才们就应当伺候我。不但衣来伸手，饭来张口，甚至连个小手绢也不愿洗了。别人给备好洗脚水，也觉得是应当的了。脾气也大了，也会挑毛病了。当时伺候我的都是五六十岁的老太太，年岁大，手脚不灵便，我经常数落她们。年岁大，一般都记性差。我成天烦闷，没处出气，只好找她们的毛病出出气。

溥仪在后期特别信佛，每天和别人讨论佛学，也给别人讲解佛学，灌输迷信思想。说什么佛经说人生有十苦，不论穷富人都免不了，所以应当行善修行，到西方极乐世界去，那里什么苦也没有了。还说尘世上到了一定时期要有兵灾、火灾、瘟灾、大荒年等等。当今世界上正处在兵灾的年头，应当多念佛，求菩萨保佑。我相信他的话，也就每天拜佛、诵经，做起功课来了。

溥仪明明知道自己是个傀儡，提线在日本人手中，一切任人摆布，想掌握实权是不可能的事，就用封建迷信那套来维持自己的统治地位。他常说，他是困龙受灾，等灾难一满，就要上天了。他每天要跪在佛前念几遍佛，叫作"功课"。内容有念咒，如"大悲咒""六字大明咒"；念佛经，如"心经""金刚经"，诵佛号和菩萨号，如"释迦牟尼佛"，"观世音菩萨"。以前吃"观音斋"，一个月吃三五天。以后时局越紧，日本人吉冈对他也监视得越严，他也越感到空虚、害怕，不但作很多"功课"，而且从此干脆吃起素来。也真有捧场的，有一天阴天，有人却向溥仪报告说，只有缉熙楼（也就是佛堂）上边是蓝汪汪的晴天，并且还有五彩祥云笼罩在上空，这真是皇上的诚心感动了菩萨。以后这些荒诞的事很多，如什么闻到异香了，看见菩萨了等等。溥仪还经常扶乩，看《推背图》，其中有"一口东来气太骄，足下无履首无毛，一朝听得金鸡叫，大海沉沉日已消"这几句话，于是附会词意，说什么日本从东边来，到了鸡年就要完蛋。事也凑巧，日本投降那年，正好赶上是鸡年——乙酉年。

溥仪吃素以后，厨房里所有肉类，不管是鸡、鸭、鱼，都买宰好了的，不买活的。因为佛教里五大戒律：杀、盗、淫、妄、酒，杀是第一戒。买了活的自己杀，岂不犯了杀戒？所以从此宫里吃不到新鲜肉。这还不算新鲜呢，在宫里，连蚊子、苍蝇都不能打，因为它也是一条生命。甚至蚊子叮在溥仪身上，也得忍着，任凭它吸吮自己的血液，这在佛教里叫作"施舍"，说要这样才能修到西方极乐世界去。

溥仪的行动和日常生活都受到日本人的管制和有形无形的监视，弄得他吃睡不宁。在天津住的时候，他经常开车出去兜风。来到东北，有一天，他又开着车带着一两个人出去了，谁也没告诉。刚出去没多远，便发现有很多汽车跟上来。他不明白是怎么回事，一问，说是保护皇帝陛下来了。别看内廷没住着日本人，可是你想越出雷池一步也不行。以后他再也没出去。他对我说："我是想出去玩玩，但是你和我是住在高级活动监狱里，出不去啊！"

溥仪的生活空虚、无聊。请看看他的作息时间吧：如果有接见，规定是 10 时，他当然 10 时以前起床，可是一星期内也不过接见两三次而已。没事的日子，一睡就到十一二点。他睡觉时，窗子用双层厚窗帘遮得严严实实，一点光也不透，尽管太阳多高，屋里还是黑黑的。起床后，看报，然后刷牙、洗脸、换衣服，这就一点多了。再做"功课"、念佛、算卦，就两点多了，这才到他吃早饭的时候。如果吉冈来了，马上得见；或是老爷子今天气不顺，不定哪一个倒霉的挨一通揍，这一耽搁就是一两个钟头，吃早饭就到三四点了。吃完早饭溜达一会儿，再接着睡晌觉，得睡到八九点钟才起来，起床以后，又是早晨那一套规矩，得两三个钟头才能完事。吃完饭，十一二点了。高兴就上我这儿坐坐，由我这儿回去再打针，临睡就到夜里两三点了。夏天夜短，有时鸡都叫了才睡觉。

吉冈安直的淫威

吉冈安直是日本关东军的参谋兼"帝室御用挂"，是日本派遣到伪满来监视溥仪的大特务。他在伪满十来年，老是围着溥仪打算盘，伪满的一切制度法令都是他出的主意多，就连溥仪的私生活他都干预。这个人非常阴险狡猾，说话时总是哼哼哈哈，眉毛一挑一挑的。溥仪说，他哼哈一声，眉头一皱，就是一个主意，就得提防点。他们两个人也真各有一套。溥仪不会说日本话，吉冈会几句中国话，可是他们能进行交谈，并且能进行复杂的谈话。据溥仪说，他和吉冈见面时，又说中国话，又说英国话，另外还加上连写带画，总之，可以把问题谈清楚。

溥仪对吉冈是既恨，又怕。吉冈也真是坏透了，经常出些坏主意，例如：叫溥仪朝拜"天照大神"，给溥仪找日本妻子，又叫溥仪给日本皇太后送礼，由"友邦"变"亲邦"，叫溥仪到日本去访问。从日本回来后，又叫溥仪写什么《访日回銮训民诏书》。到了 1943 年，所谓"大东亚战争"节节失败，又叫他带头献白金，献钻石。溥仪一般都是照办。日本快垮台时，吉冈又叫他上日本去表示态度，探望日本天皇和皇太后，可是溥仪知道到日本得坐船，海里有许多鱼雷，他怕把命送了，不敢去，就托词拒绝了。

别人要见溥仪都得有个时间，而吉冈不管什么时候，早也好，晚也好，他要来就来。溥仪在别人来见他时，有时他不见，唯有吉冈来了，总是随来随见。其实吉冈去见溥仪并不一定有什么正经事，有时带点他老婆做的点心请溥仪尝尝，有时来了待不到十分钟走了，可是没过五分钟又回来了，说是想起了一点什么事。他的目的，就是找个理由来多看几次，看看溥仪在干什么。溥仪真是穷于应付，不管什么时候吉冈来见他，哪管吃半截饭，也马上放下碗去见。溥仪一天本来没有多少事可做，就这一个吉冈，一天来八趟，来了还不一定出啥难题给他做，大帽子一扣，"为了日满一德一心"嘛。

吉冈想给溥仪弄个日本老婆，溥仪没同意，又在我身上作起文章来，要把他老婆介绍给我当家庭教师。溥仪猜透了吉冈这种阴谋，就婉言谢绝了。

吉冈随心所欲地摆弄溥仪，可是他还嫌不够，于是又想出一招来，把日本的"天照大神"弄到伪满洲国来叫溥仪领头朝拜，所有的老百姓也得朝拜。同时叫溥仪称日本为"亲邦"，自称伪满是"子邦"。到处修神庙，还请了一个神学家叫苋克彦的日本人给溥仪讲神学课。说什么"八纮一宇"，日本神道是世界上各宗教的鼻祖，神道就如清水一般。其他的宗教，不管是佛教、儒教，那是如清水掺上一些酱油、醋等佐料才产生的。总之，是想尽一切荒诞的说法来证明日本的伟大。让溥仪从思想上服从日本、崇拜日本，永远跟着日本走。更主要的是借着这台戏，来愚弄东北人民，叫他们忘掉自己的祖国，甘心受日本帝国主义的奴役和压迫。

溥仪虽然也曾这样对我说："这简直是侮辱人，'天照大神'是他们日本天皇的祖宗，叫我朝拜，就是要我做日本的儿子，拿'天照大神'当我的祖宗。"可是一个月两次朝拜"天照大神"，他还是得去。

"神庙"就修在"同德殿"的东南隅，供着溥仪从日本弄来的"神体"——镜子、剑、玉石。不但溥仪要每月朝拜两次，吉冈还叫我在屋里也拜拜"天照大神"，可我没那样听话。

溥仪朝拜时，我曾在屋里偷看过。由一个穿着像和服又不是和服，头上戴着一顶高帽，手里拿着牙笏的神官在前引路，后面跟着溥仪，最后是矮胖子吉冈。三个人非常严肃，到"神庙"参拜。这叫什么呢？皇上朝拜别人的祖宗，还带着怪模怪样的配角。

日本人想了这些办法还觉得不够，认为虽然给溥仪换了个日本祖宗，究竟溥仪还不是个日本种；不如换个真正日本人来统治伪满更彻底。这可怎么办呢？想来想去，就在溥仪的弟弟傅杰身上打主意。给溥杰娶了个日本妻子——嵯峨浩，希望将来有儿子，便过继给溥仪，继承溥仪当伪满皇帝。从血统来说，至少有一半是日本的了。这招不行，还有一招。溥仪除了和日本公开签订了许多条约外，还有不公开的条约，其中有一条，我记得很清楚，就是溥仪如果有了孩子，到了四五岁就要送到日本去，从幼儿园起直到大学毕业，全要在日本受教育。

伪宫内的诸色人等

如果按三宫六院那样分，伪宫内廷可以分三摊：我占"同德殿"尽东头，婉容占"缉熙楼"的东半部，溥仪占西半部楼上。楼下原来谭玉龄住，她死后一直空着。

有三个女用人服侍我，我的一举一动，都在她们的监视中。她们每天交接班，都要到溥仪那里汇报一下我的行动举止。陪着我玩玩说说的有几个"学生"家属：叶桐荫（溥俭之妻），小格格（毓嵒的姐姐），马静兰（毓嵒之妻）。她们不是自己想来就来，想不来就不来。每天由溥仪指名，或我指名，通过他派车去接。下午来，一起吃晚饭，到八九点钟以后再送她们回去。

婉容皇后那边，她是被打入冷宫的，由几个女用人、太监伺候着。大概唯一消磨时间的办法就是抽大烟了，也没有任何人去陪伴她。

溥仪是一家之主，势力范围限在伪宫以内。在他周围首先是所谓的"学生"，都是他的宗族内的兄弟或侄子。有溥俭、溥偀、毓嶬、毓嵒、毓、毓嵰、毓嵂、毓恩。所以叫"学生"，是每天要念书。除了请的先生外，溥仪有时还亲自讲雍正皇帝的上谕。雍正是溥仪最佩服的皇帝。每天上课不上课，要由着溥仪。溥仪养这几个"学生"，是为了亲手培养一帮嫡系心腹人，可始终并不敢推心置腹。其次是"随侍"，有赵荫茂、严桐江、曹宝元、李国雄、董景斌等人，他们是溥仪的高级用人，伺候他身边的事。如铺床叠被、斟茶、盛饭，同时管理膳房、茶房、司房、勤务班、仓库，对那些次一级的用人，他们也可以打，或是罚钱。随侍之间，从不敢谈谈闲话，更不必说谁到谁家去做客，或谁请请谁，那将被认为是包藏某种祸心。平常非公不过话，一开口只有质问。当然也要互相监视，随时报告。"天颜"一怒，也是一通互相臭揍。"学生"在场，也必须参加，或声嘶力竭地申斥助威。稍一犹豫，会被认为别有用心，目标马上转到这位身上。最后是殿上的，专在溥仪的寝室、书斋做勤杂工，介于随侍和勤务班之间。

司房是溥仪的会计、出纳，由赵荫茂、严桐江管理，也兼做传达工作。

膳房即是厨房；茶房是烧开水、泡茶，做各种小吃，预备干鲜果品。

溥仪用的中西厨师一共三四个人，都因受不了种种清规戒律，挨打挨罚，或辞职，或不辞而别。隐忍在那里的，大多家在东北，在外边怕日本鬼子抓劳工。

浆洗房，为溥仪洗熨衣服，都是女工，她们经不住严重的体罚，经常被罚薪。

最苦最下层的是勤务班，是些无家可归的孤儿，他们的父母大都死于日军之手。溥仪过去的用人受不了虐待，一个个都逃跑了，这些孤儿无家可归，无处可逃。管他们的有勤务班两个正副班长，随侍中由严桐江负责。他们也伺候"学生"。他们没有作息时间，没有上下班，起床就干活，一直干到溥仪就寝，那已是午夜 12 点钟以后了。工资极低，也没人管他们的卫生，一个个成了虱子包，更谈不上什么娱乐，看电影简直是不能想象的事。

所有溥仪的用人，除随侍的工资较多一些，厨师也不过是四五十元伪币。星期日无公休，逢年过节更是他们忙碌的时候。吃饭是另有下厨，主食高粱米，菜是咸菜或煮白菜、萝卜汤，可能见几个油星而已。

我被笼在"同德殿"东南角，对伪宫内事知道得很少，溥仪也不愿意让我知道他的事，只能勾出个大概轮廓。这里是一个恐怖小世界，人人提心吊胆，互相防备，可是你无论如何小心也不行，因为"天颜"是喜怒无常的。

溥仪的多疑与残暴

溥仪对他周围的人时刻提防，觉得人人随时都在暗算他。我那时还是一个孩子，被关在深宫内院，还为我订出种种制度来，与外人隔绝，和家里通信都得经他检查。除了几个"学生"之妻是特许的以外，谁也见不着。我屋里虽然有电话，但要私自给谁打电话那可不得了。我要给家里一点钱，也决不能算是我孝敬父母的，必须由他来"恩赐"。

溥仪经常对我说"祸福与共，同生同死"的话，但不让我手中有钱，说："我的钱就是你的钱嘛，何必在你手中攒着呢？"他嘴上还挂些"忧国忧民"的词儿，有一次，他病了，想单吃些可口的东西，就吩咐下面去做。他等得不耐烦时，忽然痛哭起来，对我说："我饿这一会儿都受不了，老百姓成年累月挨饿受冻，够多苦啊！"当时使我大为感动。他打人，又怕人恨他，就装出又后悔又心疼的样子，用好言安慰一番。用人有病时，他亲自去看视，和医生研究用什么药；谁有困难，也能施点小恩小惠。"一手鞭子一手钱"，这套他用得挺熟练。

从外表看，溥仪倒是仪表堂堂，说话声音也很响亮，给人以威仪大方的感觉。可是内心胆小如鼠，成天担心日本人会不会不信任他，加害他。他贪生怕死，长年吃药打针，那时药品非常紧张，尤其是外国药，他就广为购置储备，存了不少中西名贵药品。药库是中西各一。当时有两个侍医，天天诊脉，称作"请脉"。有病没病也要拟个方子，叫"代茶饮"。煎好了锁在小木匣里他并不吃，第二天再换新的。他要吃的药，事先必须亲自动笔加减几味，好在是些平安药，怎么改也不要紧。他吃的菜饭，端上来之前，必须有一个亲信"奴才"尝一尝，名之曰"尝膳"。尝尝味道如何倒是次要的，主要是怕菜饭中有毒，若下了毒，叫"尝膳"的先当替死鬼。每个菜盘中还放一个小银牌，筷子更必须银制的，为了预防中毒。平时随手带一个小酒精棉盒子，一只苍蝇落到嘴唇上赶紧得用酒精棉消毒。正在吸香烟，落上了苍蝇也要马上消消毒。他平时还随身带个小手枪，还叫我学着打枪。我说："我不想伤害谁，学打枪干什么？"

伪宫内府原先是个盐仓，非常简陋。虽说是傀儡皇帝，总也该有个像样的皇宫，后来就盖了"同德殿"。可是他始终住在原先的"缉熙楼"，怕新盖的房子里安上录音机，偷听他的言谈。和我谈话时，如赶上他发牢骚，就写到纸上给我看。然后又大声说些"日满一德一心"之类的话。

溥仪打人罚人是"家常便饭"。他每天要到 12 点钟以后才睡，所有人连我在内，都得"干熬着"。像勤务班的人，有一次困得趴在暖气片上睡着了，一直到脑袋烫起了大泡才醒。

勤务班都是孤儿，是被收容在伪满的"博济慈善会"里长大的，来时都不过十三四岁。每天吃的是冷高粱米饭，就点咸菜或白菜汤，营养不足，睡眠不足。动不动就犯了溥仪的清规戒律，成天提心吊胆，身心受到严重折磨。在溥仪看来，这些孩子是天生的卑贱、肮脏。他对我说："勤务班孩子胆大包天，竟敢偷着坐宝座。"认为坐"宝座"是准备造反，因此就鞭打，跪铁链。有一个孤儿叫孙博元，因为受不了这种种虐待，打算逃跑，钻进了暖气的地下管道，找不到出口，饿得实在没有办法，由原道回来。一被发现，不容分说，就是一顿劈头盖脸的暴打，马上气绝。死一个孤儿在他们算不了什么，但溥仪十分怕鬼。屈死鬼冤魂不散，要闹"活捉"可了不得。于是就弄口好棺材，又请道士、和尚念经，放"焰口"，超度亡魂。他自己也跪在佛前忏悔诵经，超度死者早入西方极乐世界，提心吊胆地好几天。

溥仪平常打人都不当着我的面，有一次被我看见了。一个女用人无意中说了"万岁爷这边如何如何，奴才贵人那边如何如何"，这本是半常话，那时不知怎么招翻了皇上，发起了雷霆："啊！什么这边那边，简直是给我们拆散，挑拨离间，搬弄是非！"他那平常文雅的脸上立刻现出了一副凶相，劈喳啪喳打起来。我在一旁真吓坏了，长这么大，只见过伪警察打人，我最敬爱的人，怎么刹那间变得和伪警一样了呢？我在一旁替用人求情告饶，怎么劝也听不进去。我拉住溥仪的手说："皇上再打，就连玉琴也一起打吧！"这才住了手。可是他这口恶气没出净，以后又着实地打了那个女用人一顿。

溥仪对他的"奴才"是这样凶残，但是对于日本主子就完全是另一副嘴脸，这时他是处在"奴才"地位了。为了博得主子欢心，不惜卑躬屈节，谄媚逢迎。太平洋战争末期，日军节节败退，人力物力消耗殆尽，他带头捐献钢铁，把"同德殿"上四个合金的大吊灯拆下献出去。上日本去，搀扶日本皇太后，自己简直以儿子自居。对弟妹嵯峨浩竭心尽力。他自己本来吃斋念佛，可是嵯峨浩不吃素，每天给送去大鱼大肉，他都亲自过目检查。

覆灭前夕

1945 年 8 月 8 日，苏联红军向日本帝国主义正式宣战，那天晚上，在长春投了两枚炸弹。有一颗落到伪宫前面的监狱附近，这一下可把这位皇帝吓坏了，坐不住金銮殿了。防空警笛一响，他就跑到了"同德殿"前边，扯着嗓子喊："玉琴！玉琴！"我一下楼，就拉着我的手跑进地下室躲起来。飞机去后，就上供，烧香，求神佛菩萨保佑。整个伪宫闹翻了，空气非常紧张。溥仪黑夜白天带上了一支手枪，他左右的人也都武装起来了。晚上睡觉也不敢脱衣服。所有的窗子都挂上黑色窗帘，怕暴露目标，四周一片漆黑。这几天溥仪的从容文雅也没了，谈笑也消失了，坐卧不宁，不知怎样好了。

8月9日，吉冈告诉溥仪："政府"要迁到通化去，那里离日本近些，山里都修好了防御工事，足可支持一年半载。晚上，吉冈又来说，11日动身。只有两天时间收拾行李，一天之中还得跑几次警报，飞机一来还得躲一会儿。时间很紧迫，溥仪也只得亲自动手收拾东西了。他平常用发蜡粘起、梳得齐齐整整的分发也散乱了，皱着眉头，东看看西瞧瞧。我根本不懂当时的国际情况，也不知道怕，还用他平时愚弄我的话来安慰他，说："皇上决不会遇到什么危险，平时处处都为老百姓打算，吃斋念佛，到时候自有神佛保佑的。"

11日这天，大部分不愿跟溥仪走的人都遣散回家了，跟着溥仪的都出发到车站集合去了。伪宫内只剩下溥俭之妻、毓嶦的母亲、溥仪的奶母、皇后那边的两个太监，男女一共不过十几个人。溥仪可害怕极了，对我说："真要有点意外，咱们一点儿抵抗力也没有，只有束手被擒啦！"他急得像热锅上的蚂蚁一样，一会儿到我这儿来，一会儿又走了。正在这时，忽然闯进了几个日本宪兵，一直走进了溥仪的楼上。他赶紧问是怎么回事。他们说，看见有坏人跑进来了。这只是借口，实际上哪有人进来。溥仪说："这一定是进来查查我跑了没有。"打电话问问吉冈，电话不通，往皇宫近卫队部打电话也不通，跑到我这边来打还是不通。溥仪又想，是不是日本人都跑了，把我扔下了？他脸色都白了，晃晃悠悠地拉着我说："玉琴，上缉熙楼去吧，要死就死在一块吧！"这一天也没有吃饭，厨师都走了，只好吃点饼干。我和他谁也没话可说，不言不语，躺在床上待了三四个钟头，如死神来到头上，时间过得慢极了。

晚上9点多钟，吉冈来了，说："到通化临江县大栗子沟，今天午夜12点起身。"溥仪这才打起点精神来。由伪宫内出发时已是午夜12

点半了。出得伪宫不远，回头看"同德殿"的东南角上腾起了熊熊火焰，这是日本人把"天照大神"送上天去了。溥仪对我说："报上的战果都是假的，日本人的仗打得不利。打完仗是要处理战犯的，到那时就好了，没有咱们的事，咱们可以回到北平去。"这真是哄小孩子的话，可是我那时深信不疑，希望有一天能和他回到北平去，到那时也就没有吉冈这个坏蛋了。

8 月 13 日，经吉林、梅河口到了通化临江县大栗子沟。走了三夜两天，只吃了两顿饭，连筷子都没有。

到大栗子沟，住在矿务局局长的日本式住宅里。我住在进门口左手一间，对面右手一间作了会客间。溥仪、婉容分别住在后边。他在长春时，住处周围环境都要保持安静，睡觉时，旁人在楼下走路都得蹑手蹑脚，楼上有鸽子叫，还得派人轰。现在地狭人稠，伪文武官员们，还有吉冈，一天来好几次，他真是狼狈极了，坐卧不安，真如芒刺在背。他有时到我这屋来看看，强打精神，装得好像和在长春一样，实际也掩饰不了他那种焦急心情，待也待不住，坐一会儿就走了。

大栗子沟那儿是个大山圈儿，和朝鲜只是一江之隔。清澈的鸭绿江水缓缓向西南流去，江岸边上拔起苍翠的山岭，隔岸可以看到朝鲜老乡在江里打水。每当清晨，朝雾笼罩着群山，白茫茫中隐约可见葱茏的山色。太阳渐渐升高了，拉开了雾幕，慢慢地露出了翠绿的山岭，点缀些小树和野花，不知名的小鸟唱着心爱的歌子。我待在屋里想，要能上山去玩玩才好呢。这种优美安静的环境，真使我忘掉了一切。哪知道就在这几天，在世界上，在我们的祖国，正发生翻天覆地的变化呢。蹂躏东北 14 年的日本帝国主义无条件投降了，东方的万恶法西斯的寿命告终了。

宫廷奴隶的血和泪

——清宫太监的控诉

裘 湜

1964 年，全国政协文史资料研究委员会为了征集晚清史料，曾委托专人邀集一部分清宫太监开过一次座谈会。那时，在京的清宫太监虽然大多已届耄耋之年，然而人数还颇不少，仅出席座谈会的就有 15 名之多。岁月无情，经过 20 年以后，在出席那次座谈会的清宫太监中，除一人现尚健在之外，其余都已先后作古。健在的这一位名字叫孙耀庭，生于 1902 年（光绪二十八年），今年 81 岁，现住北京鼓楼西广化寺，新中国成立以后一直担任全市的寺庙管理工作。

太监也叫宦官，在中国古书上，又有寺人、阉人、阉官、宦者、中官、内官、内臣、内侍、内监等不同名目。据史学家考证，太监产生于距今两千五六百年前的春秋时代。当时称太监为侍人，与小臣、仆侍、妾婢、阍人（守门人）一样，都是不从事生产、专供贵族役使的奴仆。不同的是，太监是被阉割了生殖器官的男性。王公贵族役使这种奴仆的好处：一是他们的体力较之女性奴仆强得多，能够承担负荷较重的宫廷劳役；二是可以绝对保证王公贵族为数众多的后妃妻妾的"贞洁"。

在中国古代社会，残害男子的生殖器官的做法原是一种刑罚，名之曰宫刑或腐刑。这种刑罚是所谓"五刑"之中仅次于大辟（死刑）的一种酷刑。宫刑不仅是对人的身心的极大摧残，也是对人的尊严的莫大污辱。中国古代伟大的历史学家司马迁，就曾因李陵投降匈奴的事件触犯武帝，被处宫刑。他在《报任安书》中，痛心疾首地这样写道："故祸莫（音、义同'惨'）于欲利，悲莫痛于伤心，行莫丑于辱先，诟莫大于宫刑。""每念斯耻，汗未尝不发背沾衣也。"

在封建社会里，太监本为内廷奴仆，不能干预政事，但其上层分子由于是皇帝最亲近的奴才，往往伺机窃取权力，有的甚至能起左右政局的作用。例如明代中叶以后，太监的权力不断扩大，拥有出使、监军、镇守、侦察臣民等大权。明熹宗时，魏忠贤被任为司礼秉笔太监，兼掌特务机构东厂。他勾结熹宗的乳母客氏，专断国政，从内阁六部直至四方督抚，都有他的私党。魏自称"九千岁"，追随者更为之建立"生祠"。其权势之显赫可以想见。但即便在太监专权时，真正的掌权者也只是其中极少数上层分子，绝大多数下层太监终究不过是备受欺压凌辱的奴隶！

历代封建统治阶级为了维持其穷奢极欲的腐朽寄生生活，都曾建立过庞大的太监机构，人数动辄以万数计。仍以明代为例。当时设立的太监机构计有十二监、四司、八局，各专设掌印太监提领，称为二十四衙门；崇祯末年，太监人数多达 9 万余人。清朝鉴于历代宦官的流弊，早在顺治年间即对宫廷太监机构进行了所谓改革，制定了宫规、宫法。顺治十三年（1656 年）改设十三衙门，宫廷太监人数减为 9000 人，设总管内务府以领其事。从此直到清朝末年，宫廷太监的机构虽无大的变更，而太监人数却是逐渐减少的：乾隆时为 2866 人，嘉庆时为 2638

人，光绪时为 1989 人，宣统退位以后，只有八九百人了。

清朝是中国封建社会的最后一个王朝，不少清宫太监有幸活到了新中国成立以后。他们和全国各族人民一起，摆脱了悲惨的奴隶境地，获得了解放和新生，真正过上了人的生活。至今唯一健在的清宫太监孙耀庭充满感激之情地说："要不是解放，我早饿死了，活不到今天！"

亲爱的读者，你想知道宫廷太监过去是怎样生活的吗？20 年前我们邀集 15 名清宫太监参加的那次座谈会，留下了他们亲身经历的第一手宝贵资料。以下就请听听他们饱含着血泪的回忆吧！

谋生无路

马德清：我是天津南青县窑子口人。父亲是个卖膏药的，母亲是穷人家的女儿。拿"房无一椽，地无一垄，吃上顿没下顿"这句话来形容我的家，也就够了。那时候，穷人恨有钱的，有时也羡慕有钱的。比如我父亲，他骂地主吃人饭，拉狗屎，可他也厌烦那难以养家糊口的卖膏药的营生。怎么办呢？一家数口，总得有条谋生之路呀！

任福田：那年头，河北省的青县、静海、沧州、任邱、河间、南皮、涿县、枣强、交河、大城、霸县、文安、庆云、东光，现在北京郊区的昌平、平谷，还有山东省的乐陵，都是出太监的地方。太监都是劳苦人出身，被生活所迫，指望把孩子送进宫里，有条活路，将来也得些好处。

马德清：当太监真正"出息"了的，一千里难挑一个，可人总是往"亮"处看啊！我有个姑母，她有个远房侄儿叫李玉廷。李玉廷的父亲也是穷人，可是自从李玉廷当上了太监，十几年以后这一家便发了：买了地，拴上了几头大骡子。我父亲常常提到这个李家，下狠心也让我走李玉廷那条路。

孙耀庭：我也讲一讲自己为什么当太监的吧！我出身于静海县的一个贫农家庭。一家六口，父母和四个弟兄，我是老二。我出生时，合家只有七分地，两间土房。父亲为同村一个私塾教师种地，母亲为他家做饭，我在他家免费读了四年书。后来父母没地种了，迫于生计，早想把我送去当太监。不久溥仪皇帝下了"退位诏书"，才堵塞了父母送我当太监这条路。几年后，军阀袁世凯又演了一场称帝的丑剧，虽说没多久就散了场，可封建主义那阴魂总不肯消散，溥仪居然不顾民国禁令，重新在民间征太监，招婢女。我父母就是在这种情况下，辗转托人，把我送进宫里当上太监的。

池焕卿：除了穷苦人被生活所迫送孩子进宫当太监之外，太监的来路还有几条：歹人拐骗别人家的小孩，图得一笔身价，这是一条专门包办施行"阉割"手术的人家，诱骗苦寒人，把当太监的好处说得天花乱坠，鼓励他们把子弟送进宫里去，这是一条；有的人犯了重罪，用"净身"来逃避刑罪，这又是一条。千条万条，被送上这条断子绝孙的绝路上的，大都是贫苦人家的子弟。

酷刑难忘

马德清：当太监的头一步是"净身"。这件事，我从来不愿意对人讲。——并不是害羞，实在是太痛苦了。从旧社会过来的苦寒人，只要想起最伤心的事儿，心里就像挨针扎一样难受啊！（讲到这里，马德清忍不住流下了眼泪）

记得那是我9岁的那一年，大概是光绪三十一年（1905年），有一天，我父亲哄着我，把我按在铺上，亲自下手给我净身。那可真把我疼坏了，也吓坏了。疼得我不知晕过去多少次。请想一想，那年头，没有麻药，没有什么注射针、止血药那一类东西，硬把一个活蹦乱跳的孩子按在那儿，把要命的器官从他身上割下去，一根根神经都通着心，疼得心简直要从嘴里跳出来了。

动完这种手术以后，要在尿道上安上一个管子，不然，肉芽儿长死了，撒不出尿来，还得动第二次手术。我后来才听那些懂这种事的人讲，手术之后，不能让伤口很快结疤，要经过一百天，让它偎脓长肉，所以要常常换药。说实在的，所谓药，不过是涂着白蜡、香油、花椒粉什么的棉纸儿。每一次换药，都把人疼得死去活来。那时候，我不懂父亲为什么要这样整治我。母亲是妇道人家，在家里没有说话的份儿，她疼我，可是救不了我。就在我能爬起来，拖着两条腿走路的那些日子里，她就两眼一闭，永远地离开我了。

任福田：那年头，做父亲的亲自下手给儿子净身的，终究是不多见的；大多数人是把子弟送到专门干这种营生的地方去净身。

光绪二十几年前，在北京专门干这种营生的，有南长街会计司胡同的"毕五"和地安门内方砖胡同的"小刀刘"。这两家的家主都是清朝的七品官。他们每年按四季，每一季给宫里的总管内务府送 40 名太监。净身一类的"手续"，全部由他们两家包办了。他们积有多年的经验，而且有一套设备，比起马德清老先生的父亲，手段倒是利落多了。但是，挨整治的人也是疼得死去活来的，因为这两家也没有什么止痛、止血的灵丹妙药。那动手术的刀子，不过在火上烧一烧就算消毒了。

池焕卿：那年头，就是谋这份苦贱差事，也是不易啊！想把孩子送进宫里当太监的人，首先要到毕家或刘家去"挂挡子"，也就是报名。然后经过一连串审查：看相貌，听言谈，试伶俐劲儿。最后还要摸档，就是隔着裤子摸生殖器官。他们认为合格以后，才收留呢！十几岁的孩子被送进宫里，充当"童监"和"孩监"。那些聪明、俊秀的孩子常常得到后、妃和贵人的喜爱。他们所得的月份钱和别的俸禄，全都装进了毕、刘两家的腰包。直到光绪二十六年（1900 年），这两家包办机构才被取消，改由慎刑司管理这份差事。

宫廷奴隶

赵荣升：我是光绪三十一年（1905 年）进宫的。进宫前，住在慎刑司，先认旗，明确一下身份（八旗制度，是清代满族的一种社会组织形式）。入宫以前，大家要演礼，学习怎样跪，怎样磕头，怎样回话。封建时代，人们把皇帝看成天人，金口玉言。如果我们在应对进退上出了岔子，保不住会把脑袋丢掉。

张修德：一天早晨，总管内务府的老爷，把我们领进宫去，从午门旁边一个门走到养心殿，跪在院里，听候挑选。跪了一会儿，慈禧太后来了，手里拿着牌子，按牌子上写的名字仔细端详了我们一阵，叫了几个人的名字。被叫的人抬起头来回话。她挑中的人，留在她或皇帝那儿，剩下的分给别的地方。实在分不出去的，可以分给外府。王府里也用太监。

魏子卿：决定留在宫里以后，首先要认师父。能当师父的都是地位高、年纪大的太监。像总管太监、首领太监一类人，一辈子收的徒弟多得很。徒弟跟师父学规矩礼法，师父就用徒弟作自己的仆役。初进宫的人，师父就是自己的主人。徒弟天不亮就得起来，给师父准备漱口水、洗脸水。钟点到了，要轻轻地走到师父炕边，轻轻地叫醒他，侍候他穿衣服。夜里，师父睡下后，自己才敢休息，而且睡得还要机灵些，师父一呼唤，要立刻应声。太监的品级不一，大小有别，一层制一层，一层压一层，徒弟是最末的一层。

边法长：认过师父，我们学些什么呢？

先说称呼吧。那时候，我们把皇帝称作"万岁爷"，把慈禧称作

"老佛爷"，把妃子——比如端康皇太妃、敬懿皇太妃——称作"主子"。至于太监们彼此的称呼，同辈的互称"爷"——张爷、李爷，低一级的把高一级的称作"师父"。

再说"忌圣讳"这件事，在宫里是一件最要紧的事。不单是与皇帝的名字同音的字不能上口，太后、太妃、妃子的名字也一样。比如大家都知道的小德张，本来他的名字叫春喜，因为隆裕太后的小名叫喜哥，"喜"字犯了圣讳，小德张只得改名叫"恒太"了。

再说请安，规矩也多得很。在宫里，太监的膝盖是不值钱的，动不动就得下跪，可是你不能一跪了事，跪是多种多样的。比如向主子回答、请安，跪的双腿安，两条腿先左后右地跪下去，身子要挺直，摘下帽子，放在身右边，袍子不能褶在腿底下。谢恩、谢赏或者万寿节，对主子要三跪九叩。为了表示感激"天恩浩荡"，有时还要把头往地上撞，撞出声音来。这就是俗话说的"磕响头"。还有单腿安，这是用来对上司或者品级低一些的人的。日常侍奉主子的太监，虽然不是见到主子就磕头，可是俗话说的"站有站样，坐有坐样"，这个样儿也要下功夫学习，一点儿也马虎不得。

还有说话的规矩。日常问安要用"吉祥"，饭后问安要用"进得好"，起床后问安要用"歇得好"。回主子或顶头上司的问话，第一，要一入耳就得明白，不能要求再重复一次或者解释；第二，要用"嗻"来表示自己领会了吩咐，不能用"嗯""啊"一类字眼。

此外，斟茶、倒水、摆膳、递东西，也都各有各的规矩。稍不留心做错了，轻则狠狠地训斥你一顿，重则巴掌便上了你的脸。挨打不能躲，口里还得说好听的。

戴寿臣：比如给皇帝梳头，就得十分小心，动作要轻巧麻利，还要让皇帝觉着舒服，因为他是"金人"。服侍他穿衣也要周到，什么时候进什么衣服、鞋袜都有讲究，不能弄错」。

王悦澂：我们做太监的也分三六九等，生活上有天上地下之分（按：清代宫廷太监等级森严：在督领侍下，有大总管、二总管、带班首领、御前太监、殿上太监、一般太监和下层打扫处太监之分；在宫殿监中，有总管、首领、掌案、回事和小太监之分；在宫内各处所有首领、大师父、二师父、带班、陈人和徒弟之分）。总管太监和首领太监，比如服侍慈禧的李莲英和服侍隆裕的小德张，生活享受和皇帝、太后几乎没有什么两样。他们一天到晚，除了在主子面前献殷勤，讨主子的欢心，是没有什么正事可做的。可是到了我们下层太监就不一样了，行动处处受限制，同坐牢差不了多少。服侍上边，无时无刻不提心吊胆。顶头太监要你做什么，你就得做什么，不是人做的也得做，一切要看别人的喜怒行事，什么委屈只有压在心里。说一句不好听的话吧，就是别把自己当人看。我们一进到宫里，便再难回家了；家里来人探望也有一定的限制，不能常来，见面谈话也有人看着。

非人遭际

刘子杰：封建社会，当皇帝的自认是天下第一人，但是他也有心烦的时候，心烦没有地方发泄，当太监的就倒霉了。我们是真正的奴隶，主人高兴的时候，也许唤我们的小名或外号，让我们学猫叫狗叫；不高兴时候就蒙头盖脸地打我们。打死了拖出去一扔，没有人管。

孙尚贤：清代末年，女主里寡妇多。当权的慈禧虽说有好多事要做，但是日子过得看起来是怪无聊的，闲下来的时候，心神也像没有着落似的。

刘兴桥：慈禧喜怒无常，心狠手辣，常常因为一点小事情打人、骂人。宫里的太监都知道，有一次她硬逼着一个老太监把自己的粪吃下去，这个老人就因为这件事丧了命！责打太监几乎成了她的家常便饭。每天被打的太监，常常不下百人。而且一个太监犯错，他所在处所的全部太监都要连坐。太监们为了减轻挨打时的痛苦，每人都制有两块长一尺、宽五寸的牛皮，当班时用绳子捆在两个大腿上，还起了个名字叫作"护身佛"。

据许多知情的太监揭露：为了整治太监，封建统治阶级还订了一套办法。按照清代皇室的宫规则例，凡宫殿监等处的太监，在外犯法者，由外部按律治罪；在内犯法者，由内务府治罪。慎刑司设有处罚太监的专用监狱。宫殿监的处分则例，分三等十二条，犯者要受到斥革和罚月银的处分；各处所首领太监的处分则例，分三等十五条，犯者要受到杖责和罚月银的处分。

责打太监的杖刑、板刑都是用五尺长的竹子做的，杖刑为圆五分的实心青竹，板刑为宽五分的青毛竹板。行刑的规则是，先将受刑太监按伏在地，臀部突起；然后一人按头，二人按手，二人按腿，一人掌刑，一人喊数。行刑时，一面打一面喊出数字。受刑太监须一面挨打一面喊："饶恕奴才吧，下次不敢了！"否则就有顽抗不服训的罪名，加倍重打重罚，一直打到求饶为止。刑毕，受刑太监由刑监二人架到主子面前叩首"谢恩"，才算完结。

此外，凡太监在宫中自缢身亡者，将尸骸抛弃荒野，其亲属还要发往伊犁、黑龙江等边远地区给官兵为奴。对屡次潜逃的太监，永远罚往边疆地区给官兵为奴，遇赦不赦。对越省远飏的太监，一经拿获，虽无其他过犯，都罚永远枷号，终身禁闭。

光绪末年，在慎刑司还设有"气毙"之刑，就是用七层白棉纸沾水后，将受刑的太监的口鼻耳封闭起来，然后再用杖刑责打而死。戊戌变法失败以后，慈禧曾用此刑把光绪宫中给维新派通风报信的太监气毙多人；珍妃宫中的三十来个太监，都是用此刑打死的！

归宿无所

张修德：太监在宫里一般都是从小干到老，可是老到熬干了服侍人的气力之后，还得赶出宫去。出宫以后往哪儿去呢？哪儿是我们安身立命的归宿所在呢？像大太监李莲英、小德张，或者比他们次一等的太监，是没有这样的问题的。可是我们这些一般当太监的，情形就不同了。头一条，在旧社会，当太监是被人瞧不起的，"老公"是骂人的话。这种情绪当然也就影响到三亲六故，谁愿意跟一个没混出头的太监认亲戚呢？第二条，当太监的，都出身于苦寒人家，你在宫里待了几十年，你的家也许早就没处找了；有的自幼被人拐卖出来，压根儿就不知道家在哪儿。第三条，我们从小伤了身子，在宫里除了侍候人，什么手艺也没学到，可以说是两手无缚鸡之力，肚里无半点才学，就是没有老残，也是栖身无所、谋生无术啊！这样一来，太监们就只有把超脱尘世的寺庙当作苟延残喘的唯一所在了。

田壁臣：北京有不少寺庙，过去都同太监有关系。北长街万寿兴隆寺就是其中的一个。清代末年，北京兴了个太监养老义会。兴隆寺后院有座石碑，上面就记述着养老义会的事，是乾隆年间立的。从寺庙方面讲，他们也愿意收容几个过去有权势的太监，因为通过这些太监，可以与显要人物接近，对寺庙广结善缘大有好处。况且太监比起出家人来，同显要人物的内眷接触也方便，更让显要人物放心。这里头的发财门道就多了！因此，养老义会与其说是给穷苦太监解决归宿问题，还不如说是给寺庙巴结显贵提供了条件，给有权势的太监出宫后继续发财致富开了方便之门。

孙耀庭：归总一句话，寺庙也好，养老义会也好，对我们下层太监来说，都难以解决养老送终的问题。许多劳苦的老太监，根本拿不出养老义会规定交的那百八十块钱，出宫以后只有各处流浪，最后冻饿而死。运气好的就算进了寺庙，也还是继续受人支使，仰人鼻息；稍弄不好，不知道什么时候就会被撵出来，依旧是找不到一个躲风避风的地方。……

编者附言：根据调查，在北京城郊，共有明、清时代的太监寺庙26座，如金山宝藏寺、立马关帝庙、恩济庄、岫云观、玄真观、福寿寺等。

义烈宦官

——忆我的祖父、清宫太监寇连材

———

寇长城

晚清的变法维新运动，是作为爱国救亡运动而彪炳于史册的。这个运动的倡导人之一梁启超，在他所著的《戊戌政变记》一书中，称清宫太监寇连材为"义烈宦官"，并且代寇立传，附于"戊戌六君子"传之后。前期上演的话剧《清宫外史》，也有寇连材这个角色。他深明大义，赞助维新，威武不屈，视死如归。

寇连材乃是我的亲祖父。我们家族和乡亲中，至今仍然传颂着寇连材的事迹。但是，人们知道，太监是没有亲生儿女的，寇连材怎么会有亲生的子孙后代呢？

这要从寇连材的家世说起。他原名寇成元，进宫以后被赐名为寇连材。1868 年，生于直隶昌平州（今北京市昌平县）南七家庄，家境小康。其父寇士通，粗通文墨，秉性豪爽，好打抱不平，为受欺压的贫苦农民出气。寇连材读过几年私塾，稍大即边务农边自学，不仅读了经史子集，还通过在城里做事的亲友，借阅了洋务派和维新派所写的书籍报章。加之京畿消息灵通，对于朝廷的帝党后党之争，以及列强的步步侵略，也多有所闻。寇连材深感清政府的腐败无能，国家积弱积贫，势有亡国之患。因此，他日夜忧愤，不时地与亲友谈论，表示要为国为民效力。他写得一手好字好文章，练得一身好拳脚，考个秀才、贡生绰绰有余，但是，由于他厌恶八股文，两次县试都没有考中。

那年头时兴早婚。寇连材 15 岁时与铁匠营村张氏女结婚，生有两男一女。1891 年，寇连材 23 岁时，他父亲寇士通为管穷朋友的事，与鲁疃村大地主赵灿打官司。赵灿的儿子、女婿都在衙门里做事，官官相护，反诬寇士通有通匪嫌疑，结果有理的官司没打赢，自家的几十亩地倒被赵家讹去，几乎倾家荡产。寇士通一气之下，卧病不起，含恨而死。

国仇家恨，使寇连材横下一条心，毅然自己动手净身，以便进宫"陪龙伴驾"，直接参与最高统治层的政治。这里需要说明，清朝初年，宫里曾经订有"内监言国事者斩"的严规。后来，这条规定就失效了。皇帝或太后要派太监了解宫外的动向和王公大臣的秘事，王公大臣要向太监打听皇帝或太后的心思，无形中太监成了他们之间的桥梁，不但"言国事"，甚至代皇帝、太后出谋划策了。

寇连材自己动手净身的事，在家里，在附近村镇都大为震惊。谁都知道，小老百姓进皇宫当太监，和判终身监禁差不多，能爬上高位、有钱有势的太监只有那么几个。寇连材说：我也知道爱惜自己的身体，也留恋母亲、妻子和儿女，但是，我不能眼看着国家任人宰割，不能坐等着当亡国奴。我要用岳飞的话激励自己，敌不灭，何以家为？

经过三个多月的诊治调养，寇连材的伤好了，即去北京地安门外五斗钱庄，他二姐夫在钱庄管事，托他设法引荐入宫。这个钱庄的东家，有一个哥哥在宫里当太监，人称"梳头王"。有一天，王太监来钱庄，寇连材的二姐夫把他引荐给王太监，并说明意图。王太监一看寇连材仪表堂堂，眉清目秀，谈吐文雅，就有几分喜爱。当面叫寇连材写几个字，练一趟拳，王太监越发赞叹不已，连声说："有出息，有出息！"随后叫寇连材把姓名、年龄、来路写清楚，交给他带进宫去。寇连材当时就行大礼，拜王太监为师父。按照宫里的惯例，新太监进宫，要在慈禧太后或光绪皇帝选中以后，才拜师父。宫里的等级森严，规矩大，礼法多，需要师父的指教和关照。当师父的都是地位较高的太监。徒弟有出息，师父也光彩，并且能得到徒弟的孝敬礼物。当下，王太监认为寇连材准能出人头地，很乐意有这样的徒弟，于是就打破惯例，在宫外收徒了。

不多几天，王太监兴高采烈地来到钱庄，告诉寇连材，已经跟内务府说好，叫他准备一下，换上新衣帽，明天上午进宫。

进宫以后，内务府还没有安排好候选日期，暂且叫他在东夹道打杂儿。一天，寇连材从屋里出来倒洗脸水，被慈禧太后看见，一下引起了慈禧的注目，传旨把他叫到跟前，问过姓名、年龄、来路，端相良久，甚是喜爱，当即留在身边，做梳头房太监。之后，又见寇连材能写会算，能说会道，就让他掌管自己房里的会计。

尽管慈禧太后对他十分宠爱，格外加恩，但寇连材耳闻目睹慈禧处理内政外交的种种做法，虐待光绪皇帝的种种情形，心中非常愤慨，曾多次婉言进谏。慈禧以为他年少无知，不甚介意，捺着性子未加罪于他。

1894年，中日甲午战争，清王朝一败涂地。翌年，签订《马关条约》，割地赔款。消息传遍京城内外，康有为联合1300多名举人"公车上书"，"维新运动"进入高潮。这时，慈禧太后把寇连材安插到光绪皇帝身边，名为侍候皇上，实则令他监视光绪，随时密报。

初期，光绪皇帝对寇连材存有戒心。后来两人由谈论古文到议论时事，光绪得知寇连材胸怀大略，有胆有识，极力赞助变法维新，很快就把他作为自己的贴心人和助手，器重他、信任他，与他商讨大政方针，派他给维新派传书递简，从中穿针引线。

据寇连材回家时说，光绪好学不倦，思想清新，励精图治，礼贤下士。他不但阅读中国古书，更认真钻研翻译过来的外国政治论著。他讨厌宫廷的繁文缛节，办事讲求实际。他的思想和言行，与慈禧形成鲜明的对照。寇连材每提到光绪皇帝，都肃然起敬，表示"士为知己者死"的决心。

1896年农历二月初十早起，寇连材从光绪那里来见慈禧，流涕进谏说："国家危难到了这个地步，老佛爷（宫里对慈禧的尊称）即便不为国家社稷着想，也要为自己的后日着想，怎么能只图眼前快乐啊！"慈禧以为寇连材得了精神病，怒斥一顿，把他赶出门外。

寇连材即向内务府请假五天，回到南七家庄与亲人诀别，顺便把他记录的宫中逸事一册交给他大哥。册子有200多页，其中关于慈禧虐待光绪的记录占相当大的篇幅。其中有云：

——普通老百姓家的孩子，有父母的亲爱，照顾其出入，料理其饮食，体慰其寒暖。虽是孤儿，也会有亲友抚养。唯独我光绪皇帝，四岁登基，无人敢亲近之。醇亲王夫人是皇上的生母，因限于名分，也不许亲近皇上。名分上可以亲近皇上的人，只有慈禧太后。但慈禧骄奢淫逸，根本不把皇上放在眼里，比狠心的后娘还要狠十分。

——皇上年少时，常挨慈禧的鞭笞，或罚长跪。长大以后，也常受慈禧的斥责。皇上见慈禧，如见狮虎，战战兢兢。

——皇上每天要到慈禧那里去下跪请安。慈禧不叫他起来就不敢起来。有时慈禧下棋，或与别人闲谈，旁若无人，皇上一跪达两点多钟。

……

这份资料，在民国初年被北京一个文物单位征集走了，我家只抄录了一些片段。后来，因怕惹事招灾，连抄录的片段也悄悄地烧毁了。

寇连材在家这几天，还写了一份《上太后书》，并念给他大哥听。他大哥吓坏了，忙着把稿子夺过来扔进灶膛烧了。据老人们说：《上太后书》共十二条，其中有：一请太后勿揽朝政，归权皇上；二请太后停修楼台殿阁，把财力用于富国强兵；三请太后勿再阻挠变法维新，内修政理，外御列强；四请太后不要袒护贪官污吏卖国贼，交部严惩，以儆效尤；……总之，这份上书不亚于声讨慈禧的檄文。

他大哥劝寇连材："太后专权，杀人如割草，路人皆知。你不希图荣华富贵，不跟她同流合污，这就很不错了，怎么去干这种虎口拔牙的事？"寇连材说："我进宫当太监，抛下了慈母，抛下了妻子儿女，为的是救国救民；而今，我参加变法维新，冒死进谏，还是为国为民。舍生取义，别无他求。"

随后，他又连夜重新赶写出《上太后书》。离家时，他饱含深情地安慰老母，劝勉妻子，爱抚儿女。他哽咽着说："我不是妈妈的好儿子，不是妻子的好丈夫，不是儿女的好父亲。对老少三辈，我都没有尽到责任。可是，我的所作所为，要对得起国家社稷，对得起数万万骨肉同胞！"说完，洒泪而别。全家相送到距村一里远的小清河畔，很像易水河畔送荆轲上路，慷慨悲壮，感人肺腑。

二月十五日，寇连材回到宫里，把自己随身的钱物送给其他太监，然后向慈禧上书。慈禧看后大怒，声色俱厉地问寇连材："我看这不是你的本意，准是受了别人的指使吧？"寇说："是我的本意，没有别人指使。"慈禧让他复述一遍，他背得很流畅，只字不差。慈禧又煞有介事地搬出家规威胁说："本朝成例，'内监言国事者斩'，你知道不知道？"寇说："家规早已被你破坏得不成样子了，国家的大好河山被你破坏得不成样子了。而今我参加变法维新，就是以身许国，不怕抛头颅，洒热血!"慈禧即命内务府把寇连材关押起来，十七日指令移交刑部处斩。临刑时，寇连材神色不变，从容就义，年仅 28 岁。光绪皇帝听到噩耗，痛哭流涕，几日不思饮食。京城志士仁人，莫不叹息。

寇连材就义后，我们全家人都逃走了，其尸由一个远房本家收殓，葬在南七家庄。到了民国，有人集资在京西百花山上建立了寇公祠，树碑立传，每逢忌辰农历二月十七日都举行祭奠。

李莲英身首异处之谜

颜仪民

一

1966 年，"红卫兵小将"决定挖掘位于北京海淀区恩济庄六一学校内的李莲英墓。他们费了九牛二虎之力，终于把用蛋清、糯米浆掺白灰、沙土、黄土混合成的坚固坟墓和两道汉白玉门打通了；然后把棺椁盖掀开，发现盖尸的被子因潮湿已经腐烂，肢体部分是用珍宝之类东西代替的，整个尸体只有人头一颗。

李莲英是清末慈禧太后的总管大太监。他生于 1848 年 11 月 12 日（道光二十八年十月十七日），死于 1911 年 3 月 4 日（宣统三年二月初四日），死时 64 岁。李莲英在宫中受西太后之宠，赏赐身穿黄马褂，领二品红顶大花翎。自清朝入关 200 多年来，阉宦之中受此殊遇者，仅李莲英一人而已，以至全朝文武大臣乃至皇上都怵他三分。这个权倾朝野、不可一世的大太监，为何在慈禧死后仅两年多就遭受身首异处之祸呢？

读者也许以为，李尸因埋葬年代久远，尸骨已经腐烂无存了。近读中国人民大学清史研究所《近代京华史迹》刊载佟洵先生《李莲英墓之谜》一文，佟先生认为："这个假设也是不能成立的。李莲英于1911年入葬，至1966年挖坟时仅仅55年时间，头颅尚且完好，何以躯干的骨骸化为乌有呢！"佟先生认为李莲英是被砍头的。但是，他又说："至于他因何故，于何处，被何人暗杀？由于没有史料，本文还不能做出说明。这个谜有待于大家今后共同探讨、研究、解开。"

对于这件事，我了解一些线索。60多年来，这件事情一直埋藏在我心深处，但因没有确凿证据，所以一直没有写出来。现在，我把我所知道的线索写一写，以期能对解开李莲英身首异处之谜有所助益。

据我所知，李莲英确实是被人暗杀砍头的，李莲英坟墓中确实只葬有李的人头，而尸身却不知丢到哪里去了。我想先要交代一下李莲英被杀之前因，对其后果才有说服力。

二

李莲英在慈禧宫中得势，是在原总管太监安德海被杀之后。

1869年（同治八年），清宫内廷正在为同治皇上准备大婚。一日，慈禧向安德海说起江南进贡来的衣料太粗糙，安德海便说粤东绣工异常精美，遂自告奋勇要亲自去采购。清廷有制：太监不能私出宫中40里。慈禧生怕大臣们知道小安子出宫采购要参奏一本，就命他只带一二随员秘密乘船顺运河南下。哪知安德海却带了一大批随行人员，出了东直门径往通州，乘坐插有龙凤旗的大船，沿途招摇。所过州县，大肆勒索受贿。一日过了沧州，到了山东境界，巡抚丁宝桢闻报，顿生疑窦。他想：安德海是个总管太监，离都门外出，也当有朝廷通报，莫非是太后密访？即便如此，怎能派个人监独挑旗帜？为了释疑，丁宝桢当即拟了奏稿，派人驰驿到京，先到恭王府报告，托恭亲王代为转奏，候旨发落。恭亲王奕䜣见报大吃一惊，连忙启奏东宫慈安太后，她也不知此事。二人商议认为，西宫太后宠小安子过分，安德海擅出都门，违背祖制，罪在不赦。当即行文丁宝桢严密拿捕，就地正法。当慈禧知道时，安德海早已人头落地了。

安德海一死，李莲英暗自拍掌称快。李莲英虽然也蒙西太后宠幸，但比起小安子来，还是稍逊一筹的，这时，他认为自己升迁的时机到了。果然，慈禧失去了安德海，一度像失了魂一样，好在还有机警能干的李莲英在身旁，可以"李代桃僵"。不久，慈禧通报宫中，由李莲英继任安总管职务，李莲英开始登上了第一步"天梯"。

李莲英得宠后，在慈禧面前更加卖乖弄巧，出谋划策，竟哄得慈禧对其言听计从，愈加重用。众臣无不侧目。1888 年（光绪十四年），李鸿章吹嘘北洋海军已有足够力量保卫渤海门户，于是奏请太后、皇上御驾亲临津门检阅，不料懿旨下，竟派醇亲王奕和总管太监李莲英代表朝廷莅津检阅。朝中有位御史名朱一新的，为此上了一本奏章说："总管太监李莲英，随醇亲王奉旨赴天津阅兵，将恐遭玄宗宠宦为监军而使唐亡之覆辙。我朝家法严驭宦侍，世宗（雍正）宫中立铁牌，昭为法守；圣母太后垂帘，安德海假公出京招摇处以斩罪，是以纲纪肃然。而今夏巡阅海军，李莲英随醇亲王并驾齐驱，莅临天津，百姓纷纷议论，谅宫廷当道有不得已之苦衷，非廷外小民之所能喻也。然而，阅军大典，今阉宦侧乎其间，将何以肃军纪而维体制？唐之监军，岂其本意，因逐渐放纵之使然也。我圣朝法制修明，当不虑此，亦应杜渐防微。从古阉宦，巧于逢迎，而昧于大义，结党营私，拨弄是非，在宫廷之内，售其小忠小信，窃取作威作福之柄。我皇太后、皇上明目达聪，岂能受李莲英之欺骗乎？"慈禧太后阅后，勃然大怒。李莲英说："找个茬儿，把他杀掉算了。"太后回答："这不行，别人会说我防民之口了。"然后用朱笔在朱一新的奏折上批上：御史朱一新诬蔑朝廷，着降级降薪，以儆效尤。自此，朝中没有人敢说李莲英一个"不"字，而钻营李莲英之门的人更多了。

1893 年（光绪十九年），京郊大旱，禾苗枯焦，颗粒无收。农民缺粮断炊，饿殍遍野。慈禧想是获罪于天了，于是下诏"求言"。有位太史叫沈北山的，在户部侍郎英年家中任家馆，他见了太后的"求言诏"之后，便上书对李莲英的罪行给予无情的揭露。奏折写好后，沈北山请英年转递朝廷。英年阅后拒绝转递。沈又托总理衙门内一位相识的张部郎转递，张部郎一见折中内容便说："这样的奏折让我转递，你不想活，也想叫我的脑袋搬家吗？"沈北山无奈，自己跑到天津，投在有洋人支持的《国闻报》上。不几天，《国闻报》就把沈的奏章全文登出来了。沈文的标题是《中国近事一则》，文中大致说："李莲英在朝，上倚慈恩，下植党羽，权震天下，威胁万民，包藏祸心，伺机必发……当今我朝家法森严，岂能令阉宦小人参与政事？防微杜渐，无秦、汉、明季之患。而今李莲英以一宦人，举足轻重，被其弹劾、罢官，含冤而杀身者，不知凡几。风闻该太监积蓄金银财宝达数百万之巨，若不贪污受贿，如此巨金何由而来？李莲英惹天下之公愤，招中外之流言，上损我慈圣之盛名，下启臣民之口实，罪不容诛。而最可畏者，今日隐患伏于宫禁之间，异日必祸及至尊之侧。李莲英之所恃而无恐者，为太后；而所其不快者，是皇上也。近年以来，上至大臣，下至仆从，奔走李莲英之门者，络绎不绝。凡能辗转设法与李莲英互通声气者，无不因而发家致富。今日若不杀李莲英以儆其余党，则将来皇上之安危实不可知也。涓涓不塞，将成江河。水之涓涓犹可塞也，及为江河，一旦决口，不可遏止。李莲英结党结帮，盘踞昌廷，患生肘腋。现在奸党满朝，内外一气，倘视若无睹，危难立至。李莲英不过一区区阉宦小人，朝廷有何顾惜？望朝廷除恶务尽，不俟终日"等语。此文一出，博得国人共鸣，京中都轰动了。醇亲王奕環看后说：这份上书说得好，李莲英恶贯满盈，太后宠他实在过分，看怎么收场。于是派人将报纸送进宫中。慈禧阅后大怒，下旨缉拿沈北山，而沈却在洋人势力的庇护下，终于走脱。

李莲英的所作所为不仅惹怒了朝中文武，也得罪了光绪皇帝及其周围的人。

中日甲午之战，清廷战败，而慈禧太后却还有心情筹办她的 60 大寿。光绪皇帝心情万分苦闷，九九重阳这天，他带了两个亲随小太监上了神武门，直奔煤山（景山）而来。光绪从东侧上山，在明朝崇祯皇帝吊死的地方伫立良久，思绪万千，然后徐步到了万寿亭，南望金碧辉煌的皇宫内院。正在闲眺间，忽然大风从西南方送来一阵锣鼓声，光绪便问近侍小太监："那边有戏园子么?"小太监说："不是，是李总管府唱大戏，办喜事。"光绪问是什么喜事？小太监说："李总管娶第三房姨太太。"光绪问："太监怎能娶妻?"一个小太监说："做干夫妻呗!"光绪听了一边下山一边想，李莲英如此招摇，真是目中无人。光绪越想越气，转身对两个太监说："你们俩快到李莲英家中去，把他家号房里的'门簿'拿来!"

两个小太监出了煤山的宫门，一路小跑，直奔北长街李莲英宅中而去。他们一进李宅大门，出其不意地从号房管事的案子上把"门簿"夺在手中。那个管事的一见是皇上的两个亲随，便问："你们干什么?""奉旨来拿，你敢怎么着!"说罢扬长而去。这件事马上传遍李宅，但没有人敢把皇帝的亲随追回来。李莲英知道了也束手无策，不少官员见势不妙，就悄悄地溜之乎也。

光绪皇帝一见来宾的签到"门簿"，不禁大吃一惊。原来朝中大小官员几乎无人往。

到了慈禧太后六十大寿的前两天，要在颐和园演习祝贺大寿仪式。这天早晨9点，光绪皇帝亲率文武百官准时赶到颐和园，可演礼官李莲英却尚未到来，演礼无法进行，只得派人去催。两个多小时后，才见李莲英带着一群小太监来临。待演礼完毕，已然过午，光绪皇帝再也忍耐不住了，突然下一道口谕：把李莲英杖打四十！本来掌刑的太监奉旨打人时都是虚打，可这次却是实实在在地打了李莲英四十廷杖。

李莲英这次吃了亏，不仅不思改悔，反而变本加厉。他倚恃慈禧太后的威势，在宫内太监中结党营私，逐渐形成了以他为首的"老母班"，专与以光绪帝身边太监为主的"孩儿班"作对。同时，勾结朝中守旧势力，干预朝政。1898年，光绪皇帝任用维新派人士，立意变法维新。李莲英暗中操纵守旧势力，将慈禧太后包围起来，说皇上勾结党人，要推翻圣母太后，哭请采取针锋相对的措施。结果，使变法失败，"六君子"被杀，光绪皇帝被囚于中南海瀛台。

三

1908年（光绪三十四年），慈禧太后死了。靠山一倒，李莲英惶惶不可终日。巧的是，光绪皇帝先慈禧太后一天死去，故李莲英没有立即遭到杀身之祸。李莲英出宫之后，赶紧由御赐他的那所位于北长街的住宅搬到自购的位于护国寺棉花胡同的一所住宅内，闭门不出，谢绝一切来访者。因他深知自己仇人遍天下。

光绪一死，宣统登基，由光绪的遗孀隆裕太后垂帘听政。隆裕太后的宠监小德张是李莲英的死对头，他想乘李莲英倒势之机，联合群阉敲李的"竹杠"。宫内太监虽分两派，但在窥伺李莲英的财物方面却是一致的。于是各遣心腹，四出调查，得知李莲英除了存在原籍及各银号、金店的存款外，其储于宫中者，尚有现银 300 多万两。于是小德张面奏隆裕太后，下了一道手谕，命清宫内务府查办李莲英。李莲英闻讯胆战心惊，赶紧派管家秘密到南池子南湾子迪威上将军江朝宗府上求救。

原来江朝宗是袁世凯的亲信。袁世凯自戊戌年帮助慈禧绞杀新政后，日益受到重用。李鸿章死后，清廷任袁世凯为直隶总督兼北洋大臣，加之袁世凯编练新军，掌握军队，一跃而为清末第一号实权人物。袁世凯为控制京城，遂任命江朝宗为步军统领衙门统领、九门提督，在京中掌生杀予夺大权。清末官宦走江朝宗之门者络绎不绝。慈禧在世时，李莲英、江朝宗互相利用，已成莫逆之交。李莲英借江之新兴权势，江朝宗贪李之贿赂，各有千秋。当小德张对李莲英思染指而不得，欲借隆裕太后之势查办李莲英时，李莲英又将家中财宝源源送到江朝宗宅中。果然钱能通神，江朝宗把小德张召至宅中，叫他转告隆裕太后，对李莲英不要赶尽杀绝。隆裕太后无奈于袁世凯的势力，只好卖给江朝宗一个面子，放松了对李莲英的追查。

小德张见李莲英手眼通天，为了与李莲英抗衡，也把珍宝源源送入江府。江朝宗是来者不拒，他见李莲英已成一只困虎，而小德张正年轻有为，又是隆裕太后的亲信，故乐于和他交往。小德张详细备述了李莲英作恶多端的罪行后，改变了江朝宗对李莲英的"慈悲"之心。自此，小德张频繁地进出江朝宗之门。

我家与江家之亲密，盖有由焉。我家满姓叶赫颜札氏，与叶赫那拉氏慈禧又为至亲。先伯父毓贤曾任山东巡抚，任职期间，义和团运动蓬勃兴起，毓贤对义和团剿之不成又改为"抚"，支持过义和团，故而美国公使康格照会清政府把毓贤撤职。八国联军攻占北京后，又指令清廷将毓贤处死。先父毓泰，遂改姓颜，名玉泰，曾任清末直隶东路皇粮路搭（督办），办事处在德胜门羊房胡同爱新觉罗溥家，由江朝宗派军常驻守卫。江朝宗为刺探宫中消息，遂聘任先父为机要秘书，故而两家交往亲密。江朝宗有一独生子江泽春，字宝仓，与先父同龄，我称江朝宗为"江爷爷"，称江宝仓为"大爷"。20 世纪 30 年代，江朝宗任红十字会会长，又任先父为总务处长。我家先是迁入会内住，后又搬到南湾子江朝宗住宅的南院，两家接触更加频繁了。

我在陪江朝宗闲谈时，经常听到他谈及李莲英与小德张之事，但他闭口不谈李莲英被杀的原因和经过。江宝仓却比较坦率，有一天，他与我聊天，谈到李莲英时，他说："慈禧太后死后，溥仪做了皇上，隆裕太后想没收李莲英的财产。要不是老爷子（指江朝宗）出来替他说话，早就把他家抄了。小德张就是李莲英的死敌。有一天老爷子下请帖请李莲英在什刹海会贤堂吃晚饭，一向不出门的李莲英准时到了会贤堂，他万分感谢老爷子救了他一家。席散之后，李莲英路经后海遇到土匪被暗杀了，在后海河沿，只找到了李莲英的人头。"

当时，我心生疑窦，猜测此事是否与江朝宗有关？但又不便细问，因为这是江朝宗的秘密，非外人所能知，就是其子江宝仓也不一定知道。

江宝仓还谈到了李莲英死后的一些情况：李莲英被杀后的次日清晨，李莲英之某弟（人名记不清了）去到南湾子拜见江朝宗。没等其弟开口，江朝宗便问："令兄昨晚回家可好？"其弟说："家兄昨晚在回家的路上被人杀害了。"江朝宗故意大吃一惊，说："你放心，我一定下令捉拿凶手。"当日，江朝宗又派江宝仓到棉花胡同李宅"慰问"其家属。这才知道，昨晚李的家人见李莲英深夜不归，便派一家丁去会贤堂寻找，在途中遇见车夫和跟班的匆匆赶车往回跑，报告遇路劫和李莲英被杀的情形。三人急回宅中报告，举家慌乱，赶忙派家丁分别把李的各兄弟连夜叫来，一面派人到后海寻找尸首。直到大豪蒙亮时才找到李的人头，但身躯可能被抛掷到乱草丛生的后海里去了，始终没有找到。李莲英的几个兄弟商量，此事不能向外人公布，如果在报纸上登出，麻烦就大了。他们恳请江宝仓回去禀报江朝宗，不要下令追究，并请代为保密。然后对外以病死发出讣告。

我们从"李莲英墓葬碑文"中看到："太上孝钦显皇后升遐，公之退志决矣。退居之时，年已衰老，公殒于宣统三年二月初四日。"丝毫不提李之被杀之事，可见其家人对真相封锁得多么严密。

李莲英之死，我不敢武断地说是江朝宗和小德张所为，但从我所知道的情况分析，江朝宗、小德张了解内情，与此事有关却是真实可信的。

太监崔玉贵出宫记

———
颜仪民

近年来，在戏台上、影片中经常出现清末庚子（1900 年）事变时，慈禧太后命二总管太监崔玉贵强把珍妃投入寿宁宫后井中的场面。根据这一情节，不少观众认为崔玉贵是个与李莲英一样的心狠手辣之人。其实，崔玉贵虽与李莲英同为慈禧太后的总管太监，但并非一丘之貉；所以，两人的最终命运亦不相同。

崔玉贵原名崔瑞堂，直隶（今河北）河间人。同治七年（1868 年）他七八岁的时候，家乡年景不好，母亲饿死，父亲领他逃荒，用抬筐把他抬到了北京城。进城后，遇见一位好心肠的太监，把崔玉贵引进宫，净身当了太监，他父亲得了一些钱经营小本生意，父子才得以活命。

崔玉贵进宫 10 多年后，北京城里来了一位八卦拳祖师尹福道人。慈禧太后知道后，就想叫几名小太监跟尹福学一点儿武艺，以便保护皇宫内院，其中就有崔玉贵。崔玉贵肯吃苦，每天凌晨，别人还在睡觉，他却早早起来练功了。尹福见他练功刻苦，进步很快，就重点培养他。几年后，崔玉贵学得了一身好武艺，20 岁那年，被慈禧提拔为身边的二总管，地位仅次于李莲英。

崔玉贵的地位高了以后，就有朝中的权贵跑来拉拢，慈禧太后的弟弟桂祥桂公爷就是一个。原来，在慈禧太后跟前的两个权监中，桂祥对李莲英蝇营狗苟的丑恶嘴脸看不惯，李莲英也仗着太后对自己的宠信，不把桂祥放在眼里；而崔玉贵却对桂公爷十分尊敬。当时，朝中的许多重大事情，只有李、崔二人知道得最详细，所以，桂祥便把崔玉贵拉了过去，作为自己的"耳目"，还把崔认作了干儿子。

那个时候，凡是有钱的太监在宫外买屋置产，纳三房四妾是不足为怪的。所以，也经常有人来给崔玉贵保媒拉线，但都被他婉言谢绝了，说："误了自己，不要再误人家的女儿。"光绪十年（1884 年），崔玉贵的长兄崔志方偕妻子从河间老家来京，崔玉贵才在东华门万庆馆三号购置了一所宅子，安置其兄嫂住下。

崔玉贵非常尊敬长嫂，他敬嫂如母，每次回家探望嫂子都执礼如仪，故嫂子也待他很好。嫂子见崔玉贵不愿成"家"，就亲自主持替崔玉贵收养了一个两周岁姓赵的男孩。这样，一来可以使崔玉贵不断"香火"，二来也可以由自己抚养，开心解闷。这个孩子取名崔汉臣。

崔汉臣长到 13 岁时，崔玉贵把他送到附属于总理各国事务衙门的"京师同文馆"深造。该馆是清末最早的"洋务学堂"，初开办时，只招收十三四岁以下的满、汉八旗子弟，主要学习外语、天文、数学一类课程。

崔汉臣 16 岁时，开始有人给他提亲。太医院副堂官张午樵的女儿张毓书正待字闺中，张午樵看中了崔汉臣，愿意把女儿许配给他。张午樵托人向崔玉贵提亲，崔玉贵便答应了。可巧，太医院正堂官姚保生有个儿子与张毓书同庚，姚保生知道副堂官的女儿不但貌美，还精通英、日两国语言，况且两家门户相当，所以也想和张午樵攀亲家。可当姚保生向张午樵提亲时，张已把女儿许配给了崔家。姚保生为此很不高兴，认为张午樵驳了他的面子。事情传到李莲英的耳中，他便把两位御医闹矛盾的事告诉了慈禧太后。太后是爱管闲事的人，见着崔玉贵就问他，崔玉贵便把事情的始末奏禀了太后。太后听后说："把三个孩子都叫进宫来，我看一看。"

这一天，三个孩子进宫来到慈禧太后的宝座前，太后边问他们的年龄、学识，边仔细端详他们的相貌。直吓得两个男孩子心中怦怦乱跳，臊得张毓书满脸通红。三个孩子退出宫殿之后，太后把崔玉贵叫到跟前说："我看你的孩子才貌出众，比姚保生的男孩强，就把张午樵的女儿配给小绪（崔汉臣的乳名）吧！"太后金口玉言，说出的话就是圣旨，姚保生也就无话可说了。后来，宫内外盛传崔玉贵之子崔汉臣的亲事，是慈禧太后"指婚"，指的就是这件事（笔者现与崔汉臣之子崔仲石、崔叔石两先生同寅，故知之较详）。

话说庚子年慈禧太后临出宫时，于匆忙之中，召集群臣、宫女、太监讲话，珍妃也在众多的听命人之中。太后只简单地对众人说：洋人眼看要进城，只能带皇上、皇后、阿哥和一部分人暂时走避，其余的人只能留下。珍妃生性倔犟，听了太后一番话，竟毫不畏惧地跪奏道：皇上也应坐镇京师，不能走。太后本已情急意乱，见珍妃胆敢劝阻，怒容满面，对李莲英说："这个畜生实在该死！"又对身边侍立的崔玉贵悄悄地说：把她投到井里去。崔玉贵犹豫了一下，本想为珍妃向太后说情，可是，侍立在崔玉贵身边的小太监王捷臣却自告奋勇地把珍妃拖入井中去了（这些是崔的家人述说的）。

丧权辱国的《辛丑条约》签订以后，慈禧太后和光绪皇帝才从西安回到北京。太后回宫后先到各处巡视一番，当她走到"珍妃井"旁，顿时思绪万千，大有悔不当初之感。太后回到长春宫后把崔玉贵叫到御座前说："咱们出宫之前，珍妃子跟我顶了几句嘴，我只是说了句气话，谁叫你指使王捷臣把珍妃子塞到井里去了？我看在桂公爷的面子上，对你不加惩处。从今天起，叫你出宫为民，以免尔后我看见了你，就想起珍妃子来。"崔玉贵在太后面前泣不成声，但他一句话也没有向太后分辩。消息很快传到了慈禧的弟弟桂祥的耳中，他赶紧跑进宫来给崔玉贵说情。但也无济于事，桂祥只得好言安慰了崔玉贵。

崔玉贵出宫后，径往地安门钟鼓楼后宏恩观去住，这里是老弱病残太监集中休养的地方，类似太监的"养老院"。这时，住在万庆馆中的崔志方夫妇及崔汉臣两口子还不知消息，过了三四天，他们得知崔玉贵被贬出宫为民，便急忙赶到宏恩观，要接崔玉贵回家。崔玉贵性情耿介，不肯回家住。他对哥嫂说："你们不必惦念，过几天我一定回家看看。"又拉着崔汉臣的手说："你和毓书要恩爱相处，一定要好好孝顺大奶奶（指崔志方之妻）。"接着又嘱咐崔汉臣要奉公守法，好好当差。这时，崔汉臣已从同文馆毕业，在刑部（光绪三十二年后改为法部）当一名郎中。

这以后，崔玉贵每隔十天就回家探望一次。直到 1922 年，崔玉贵上了年纪，为了静养，迁到了蓝靛厂"立马关帝庙"居住。1926 年，因患疽发背病死，终年 66 岁。

我所接触过的太监们

赵立贤

太监们的故居长春桥村 23 号院

我家原住北京东四北大街。我的姥姥家在海淀区巴沟村。1948 年为了躲避战乱，我母亲带着我们几个孩子投奔了我的姥姥家。

当时，村里正轰轰烈烈地闹土改，村干部也分给了我家土地和房子。土地分在蓝靛厂麦钟桥，房子分在巴沟村白房子，就是现在的巴沟渔场场部所在地。

那时，我家离土地太远，干活、照顾都不方便，村干部为照顾我们的困难，就于 1953 年春把我们家分的房子由巴沟村调到了蓝靛厂长春桥 23 号院。从此，就在这里安了家。

这里原为蓝靛厂街东口路北立马关帝庙的庙产。

23 号院是一座气势森严的院落，高高的斜坡上矗立着一座坐南向北的大门，两扇朱漆大门上分别写着"碧虚""菊囿"四个大字。大门外面，有一道土山分同东西两侧，加上茂密的树木，把严谨的院落，又加上了一层屏障。

进了大门，迎面是一座高大的影壁，影壁前摆放着一块巨大的太湖石。大门东侧有一间门房，靠山墙处，开一小窗与门道相通，再往东，有六间北房，原是太监们住的地方，当时已分给了贫雇农。再向东又有六间勾连搭式大房，原为祠堂，那时已经做了太监们的仓库。祠堂东面又有北房七间、东房三间，这里当初是在庙内干活的伙计们住宿的地方。那时也有五间分给贫雇农，其余的当作喂养骡马的牲口棚和大猪圈。

由大门向西有北房四间，仍由太监们居住，西房三间是磨坊，南房三间用来装牲口饲草。在磨坊的后面是一排七间坐北向南、一面坡的暖房，这是当初用来为立马关帝庙养花用的。所以，长春桥23号院，又被人们称作"花儿园子"。此时花已没了，有几个太监就住在这里。

院里的房屋，除三间南房、七间花房以外，都是油漆彩画、雕梁画栋的瓦房。房屋虽不十分高大，却也显得颇有气势。

院落的东西两端，分别向南延伸两道高大的院墙，一直把南面的太监坟地圈住。在坟地的北侧还有一道东西走向的高墙，把坟地和院落阴阳分开。一道高大的院墙，把大院与外面的世界隔绝开来。

在大院的东南角处，有一座两丈高下的小楼，形状与长城敌楼相似，更增加了23号院的庄严色彩。

长春桥23号院，有三个标志：一是门前的大杨树，是清末太监边法长所栽；二是肃穆庄严、令人望而生畏的大门；三是院子南端的松树林，是埋葬太监和白云观道士们的坟地。这里原是一座小碑林，"文化大革命"时遭受了严重的破坏，面目已经全非。

现在，长春桥23号院的三个标志中的大门已随房屋的翻建被拆掉了；小松林中的树木大多已被砍伐，失去了它浓郁苍翠的气质；只有门前那棵大杨树依然茂盛如初，浓绿的叶子在微风中沙沙作响，像是在对人倾诉着 23 号院的旧事。

太监们在 23 号院居住的日子

我家搬到长春桥 23 号院，正值 1953 年初春，那时，万物刚刚复苏。院内还没有生机，一片干巴巴的，但看得出院子打扫得干干净净。

土改已经过去几年了，太监们土改时被划成地主成分，房子除了留给他们住的，其余的早已分给了贫雇农。我们家因为被照顾，把房子由巴沟调到长春桥村，所以，只有把七间一面坡式的暖房中最东面的一间，安排给我家暂住。

虽然我家六口人住一间小屋确实困难，但我们家和太监们同住西院，使我后来能和老太监们朝夕相处，结下了忘年之交，又确属一大幸事。

我记得，我们搬到这里时，还有八九个太监住在这里，他们是张自光、赵荣升、边法长、侯长贵、张修德、池焕卿、孙耀庭、老郭三和"蔡当家的"等人。

我们刚刚搬来不久，只有两三个月的工夫，老郭三就故去了。他叫什么名字我记不得了，只记得当时"小边四"（就是边法长）来叫我母亲过去，帮着穿的装物。

1954 年春侯长贵去世时，因为他脾气、性格不好，太监们不愿意管他，也是我母亲和街坊们帮助操持、料理的后事。

在几位太监中，属"蔡当家的"死得最蹊跷。1953 年秋天，"蔡当家的"突然嚷着要回河北永清老家，说他得回去死在老家别古庄去。太监们都觉得很突然，都说"蔡当家的"可能要疯，可"蔡当家的"说：

我是封了，是受了皇封了。

原来，"蔡当家的"在宫内当差时，曾是唱戏演武生的，光绪三十二年给西太后演戏时，因把式打得好，受到了慈禧的称赞，说他这个小崽子练得好，并说他能活到70岁。以后，"蔡当家的"就记住了"老佛爷的金口玉言"。那年他叫着要回家，也是离他70岁生日还有三四个月的时光。太监们劝说不住，只得让"蔡当家的"回了河北省永清县别古庄的老家。说来也怪，"蔡当家的"自到家后，一切后事的准备都是自己操办，就在他70岁生日那一天竟真的悄然与世长辞。这也是他不思生还而自毙。

这些太监们当时大多已是六七十岁的老人，只有孙耀庭年纪最小，当时只是50岁出点头，他年轻少壮，人又精明。所以，庙里的事由他一人负责。

我记得当时院里的大人们，见了太监们的面总是很恭敬地称呼他们"当家的"，背地里却管他们叫"老公"。那时，我是个孩子，不懂这是为什么。我就问我的父亲，没想到父亲不但没有告诉我，还厉声申斥我，并说以后不准问这个。自那以后，关于为什么管太监叫"老公"，我再也没敢向大人们问起过。但我从他们外表看得出，他们没有胡须，长得很像老太太，不似寻常人。

太监们虽然人不多，但内部关系很复杂。张自光为人最为厚道，老郭三、池焕卿与世无争，赵荣升、"蔡当家的"和张修德各有心计。只有侯长贵、边法长与孙耀庭之间矛盾最深。

侯长贵去世较早，我对他已然印象不太深了，他和孙耀庭的矛盾以及他的为人我知道得不多。

对于边法长，我的印象是很深的。他瘦瘦的身材，中等个，圆头方脸，两腮的棱角格外明显。他时常头戴小礼帽，着一身深灰色裤褂，脚下穿一双双脸洒鞋，手里拉着一根小棍，嘴里不断地哼哼着。他的脾气很古怪，从不与人交谈，有事说话就横着出来。大家公认他脾气狗熊，背地里管他叫"小边四儿"。

1954 年秋，边法长的老家河北省河间县遭了水灾，他的侄子来北京找他，求他借点钱度荒。他不但没借给钱，还要把侄子轰走。孙耀庭看不下去，让他侄子吃了一顿饭，给了他点路费。他的侄子哭着离开了长春桥，自那以后再也没来找过他。

边法长在宫内当差时，在京西蓝靛厂火器营购置了五间瓦房。土改时分给了贫农孙广成家。1964 年，外面传言蒋介石要反攻大陆，边法长乘机来找孙广成，坐在孙广成家的炕上气势汹汹地吵着要收回房屋。孙家无奈，就找到工作队。工作队说他反攻倒算，要批斗边法长，吓得他逃回了城里广化寺。

太监们孑然一身，性格都很怪僻，但他们却十分喜欢小孩。自从我们搬进了长春桥 23 号院，这里似乎增添了无限的生机。我们前后共搬进六户人家，共有七八个小孩，老太监十分喜欢我们。我家和太监们同住一院，所以，我更是和他们朝夕相处。那时，我才六七岁，长得浓眉大眼，挺逗人。老太监们常常把我叫到他们屋里，给我吃的、玩的哄着我。渐渐地我和他们混熟了。以后，我几乎每天都到他们屋里去串门。他们对我颇有感情，只要是有一天没到他们中某个人屋里去，第二天见了我准要问为什么没有来。给我印象最深的一件事是：1956 年春天，我正上小学二年级，突然出了麻疹，我一连五六天没出屋。老太监们纷纷拿了好多好吃的来看我，并嘱咐我："要好好在炕上躺着，不要出去着了风。"

孩童记忆里的东西是很难忘却的。现在，事隔已经 40 年了。绝大多数太监也早已谢世，但他们那一个个慈祥的面孔，仍然深深地印在我的脑海里。

几经搬迁落脚广化寺

1957 年初夏的一天，我放学回来。院子里摆满了太监室内的家具、衣物和古旧书籍。我莫名其妙地问张自光："张爷爷，干吗把东西都扔到院子里呀？"张自光阴沉着脸说："我们要搬家了，搬到城里去。"我一听立刻放声大哭起来，紧紧地拉着张自光和赵荣升的手喊叫着："我不让你们走！不让你们走！"当时，我哭得既可笑又可怜，却惹得太监们一阵阵心酸。

太监还是由长春桥搬走了，临走前他们把家具、衣物等都卖给了院里人。与其说是卖，倒不如说是送，我记得一件硬木大柜只收三五块钱，太师椅、小炕柜只收了三四毛钱。书籍和字画大多都点火烧了，现在回想起来觉得十分可惜。所幸的是当时孙耀庭先生送我的一部光绪二十九年由上海锦章堂印制的《康熙字典》、张自光先生送给我的一幅佛像画、赵荣升送给我的岁寒三友青花瓷果盘，我至今还珍藏着。

起初，太监们由蓝靛厂立马关帝庙 23 号院迁到西城区北长街 37 号万寿兴隆寺，这里在明清时期就是太监的寺庙。张自光、魏子卿、池焕卿等几位太监相继在这里殁世了。

1964 年，太监们又从万寿兴隆寺迁到西城区鸦儿胡同的广化寺。在这期间，我又结识了刘兴桥、刘子杰和马德清三位老太监。

在太监们移居广化寺后，除边法长被遣返回河北省老家，在原籍去世外，刘兴桥、赵荣升、马德清等先后在广化寺故去。

太监原来也是宗教门徒

由于幼年时和太监们建立起来的感情，使我永远不能忘记，所以，我每逢年节总要去看望他们。随着年龄的增长，我们之间的感情越来越深。我从与他们闲谈中得到有关太监的知识也就越来越多。所不同的是，由于老太监们的相继去世，我到庙里看望的人就越来越少。1987 年马德清老先生去世后，现在只剩下孙耀庭老先生一个人了。他作为中国太监史的活见证，已经是绝无仅有的国宝了。

1982 年春节，我去广化寺看望孙耀庭老先生，闲谈时，不知怎的我忽然向孙耀庭问道："孙爷，您又不在教，为什么太监们住的总是离不开寺庙呢？"孙耀庭听后微微一笑说："那你可说错了，我们太监大多数入了佛教，另一部分都入了道教。"接着老先生向我讲述了太监入佛、道教的始末。

太监的出身绝大多数十分贫寒，幼年时家人为生活所迫或其他原因，割去了他们的生殖器，送到宫里当差。晚年丧失服役能力被逐出宫。他们在社会上受到歧视，家里人也认为家里出了"老公"是个家丑，不肯收留他们。即便是死后也不准葬入祖坟。太监们为自己的后事着想，在年轻时，大都积蓄钱财，购房置地，修建庙宇，拜僧、道为师，以便晚年有个栖身之所。而飞黄腾达、有权有势的太监终归是少数，他们到了晚年自然不必担心。至于那些地位低下的太监，他们既无法拜师，也没能力购置田产，被逐出宫后又无家可归，只得流落异地他乡，以乞讨为生，直到冻饿而死。

常言说得好，"物伤其类，兔死狐悲"。下层太监为了解决自身被逐出宫后的着落问题，他们于明朝初期建立了自己的养老送终的组织——养老义会。

清末时，养老义会规定，入会的太监要先交百八十块钱，以后出宫就可到养老义会所属的寺庙中养老，吃住都不用花钱，即使百年之后，也由庙里发丧，这样绝大多数太监的养老送终的后顾之忧也就解决了。

为了巩固养老义会，使它能更好地发挥作用，就连那些有权势的太监，也时常捐赠钱、物，予以资助。

据有关资料记载，清乾隆年间，乾清宫督领侍刘钰、副侍肖云鹏、王进禄、张进忠、杨连盛、靳九等11人，成立万寿兴隆寺养老义会，并在北京南郊的采育一带置地210亩。光绪时太监崔玉贵为解决晚年太监的自养费用，向立马关帝庙献地680亩。光绪时刘多生身为太监二总管时，曾先后自捐、募捐白银数十万两，为太监修建寺庙20座，购置田产2600多亩，这些土地作为太监寺庙的香火地。太监们凭借这些寺庙和地产收入，养老自然就不成问题了。

为太监建寺庙，同养老义会一样，始于明朝前期。到清末时，北京城郊共有现存寺庙26座。海淀区是太监寺庙比较集中的地方，计有恩济庄的定慧寺，蓝靛厂的立马关帝庙，巴沟村的裕华庵，青龙桥的金山宝藏寺、大悲庵，北安河的福寿寺、朝阳院、普照寺、秀云观，南安河的圆通观和海淀的高公庵等。

在26座明、清太监寺庙中，当属西城区娘娘庙胡同的鸿恩观、北海东夹道的素云观和海淀区蓝靛厂的立马关帝庙的规模最为宏大。

讲到这里，孙耀庭又向我说起了刘多生。说他年老之后，出宫投奔了白云观，拜耕云道长为师，取法名刘诚印，道名素云真人。以后他和高云溪同为白云观第20代道长，并创立了道教龙门派支派——霍山派。

孙耀庭说到这儿，问我："李莲英、崔玉贵这两个人你知道吗？"我点点头，孙耀庭接着说："他们的权势有多大！可到老了，出宫以后也都到庙里存身，以终天年。"

宫中的奴才地位不如猪狗

我们平常看书、听戏，看到的太监总是一副阳奉阴违、专横跋扈的嘴脸。其实，书和戏里描写的都是那些有权势的太监。至于地位低下的太监就不同了。

清朝的皇宫中对太监的管束是非常严格的，刑罚也是极其残酷的。皇宫中的敬事房，太后、皇后、嫔妃宫中散差，就是责罚太监的专门机构。当时，处罚太监的条款有 27 条之多。刑罚规定，轻则扣罚三个月的月例银，重则杖毙致死，抄没全家。所以，太监们在侍奉帝后及其他皇族权贵时都是异常小心的。

老太监张自光曾对我说，慈禧对太监最残忍，而且心毒手辣，她责打太监就像打猪狗一样，从来不讲仁慈。那时为了加强对太监的管束，宫里还设了专门关押太监的监狱，叫"慎刑司"。

光绪末年，慈禧为了维护她苟延残喘的统治，在慎刑司还设立了一种残害太监的刑法——"气毙"之刑。所谓"气毙"之刑，就是先把犯了错误的太监，用七层沾湿了的白绵纸，把口、鼻、耳朵封起来，然后再用刑杖打死。

戊戌变法后，慈禧就是用"气毙"之刑处死了好多怀疑是给维新派通风报信的光绪身边的太监。就是珍妃被害死之后，慈禧也用"气毙"之刑处死了珍妃宫中的 30 多名太监。

张自光曾亲眼看过太监遭此毒刑。说到当时的惨状，老先生依然有些毛骨悚然："那种惨状，谁看了都得打哆嗦。"

据张自光讲，太监在宫里受着非人的待遇，你还不能寻短见。要是太监在宫里抹脖子、上吊，就把尸首往荒郊野外一扔，不准葬埋。同时还要把死者亲属发往新疆、黑龙江等地，给戍边的官兵为奴。所以尽管在宫中受罪，为了全家人就还得活受着。

不用说宫内的太监，就是侍候大太监们的太监还常遭受虐待和毒打呢。

马德清原来就是小德张住天津时府内的太监。据马德清说，小德张虽然本人也是太监，但他对地位低下的太监十分残忍毒辣。他毒打太监就像家常便饭一样。慈禧太后爱听戏，小德张为讨主子欢心，他专门挑选了四五十名小太监在他府中学戏。稍不如意，就把小太监毒打一顿。小太监时常被打得皮青肉紫，甚至骨折筋断。

马德清曾对我说过："那年月暗无天日，我们当太监的能熬过来就不易。"

贴身太监的"殊荣"

孙耀庭原籍是天津静海县人，民国五年入宫当差。当时，中国正处在外面有总统、宫内有皇帝的"一家两主"的怪异局面。

尽管这时清王朝已被推翻五年了，但宣统皇帝的架子还是端得稳稳的。朝廷的礼仪还是照旧如初。皇帝照例接受群臣的"朝贺"。

溯其原因，就是袁世凯与清廷订立了诸如：大清皇帝辞位后尊号仍存不废；中华民国以外国君主之礼相待；岁用银四万两；宫内执事人员照常留用；皇帝私产由中华民国特别保护等八项条款，确保了宫内小朝廷稳如泰山。

宣统皇帝1922年大婚后，孙耀庭因聪明伶俐，便被派到婉容宫中，做了她的贴身太监。此后，一直侍候着她，直到1945年婉容死去。

作为皇后贴身太监，自然也成了帝、后的亲信。宣统和婉容都很宠信孙耀庭。就连慈禧和光绪帝临终前的遗诏也由孙耀庭保管着。

孙耀庭曾对我说起当年跟随婉容时，宣统和婉容赐给他的一份特殊的"荣耀"。那时候，宣统皇帝只是个名副其实的关上门做皇帝的皇帝，即便到了东北也不过是伪满洲国小朝廷的傀儡而已。但全国各地以及外国的"进贡"仍未间断，凡是"进贡"来的食物，宣统和婉容先赏赐孙耀庭一部分，让他品尝，并当着宣统和婉容的面把它吃下去，然后，才由帝、后及大臣们分享。

孙耀庭对我说："过去我一直把这件事当成一种荣耀。后来我才知道，原来是宣统他们对'进贡'的食品不放心，怕有人从中下毒，害了他们。为了防止万一，他们就让我吃一点，看看没有毒他们再吃。如果有毒，首先被毒死的是我。看来我在宣统和婉容他们眼里，也不过是大家主眼里的一条狗罢了。"

新中国成立太监们获得新生

1949年10月1日，毛主席在天安门城楼上向全世界庄严宣布，中华人民共和国成立了！中国人民站起来了！从此，伟大的中华民族真正彻底地摧毁了封建主义的统治。国家获得了新生，民族获得了新生，备受凌辱的太监们也获得了新生。

新中国成立以后，党和政府把散居在北京城郊各处的太监收养起来，年纪大的太监，国家还派专人护理他们。人民政府除了免费提供他们的衣、食、住、医外，每月还发给一定的零用钱，生老病死一切由国家料理。贫苦太监安度晚年的梦想，在社会主义的新中国才真正变成了现实。

记得1985年，《北京晚报》刊登了一篇《两个太监的幸福晚年》的文章。孙耀庭和马德清两位老太监便成了众家新闻单位的采访对象。就连不少外国新闻单位也派人专程来华拜访二位老先生。一时间，两位太监成了中外知名的人物。此后，北京电视新闻单位还专门为孙耀庭录制了专题录像片。

1992年春节前夕，我陪同中国花鸟画大师田世光等人前往广化寺拜访孙耀庭。

　　孙耀庭时年已是 91 岁高龄，但却红光满面，精神矍铄，思维也很敏捷。

　　孙耀庭和专门照顾他的觉修老和尚热情地接待了我们。交谈中田世光问起了孙老先生在宫中的旧事。老先生一一对答，回忆往事，记忆犹新。田世光高兴地将自己画的一张《古梅寿石》图，赠送给孙耀庭，并祝他健康长寿。

　　我们问到孙耀庭的生活起居，他谈起自己晚年幸福生活，谈到激动处，不禁老泪盈眶，连声称赞社会主义好，共产党好。孙耀庭真挚地说："我 90 多岁了，对国家没有用了，可国家还养活着我，派专人照顾我，要是在旧社会我早就没命了。"觉修和尚在一旁插话："老孙这么大年纪，没事的时候还写写毛笔字，按时看报纸，看电视，听广播，耳不聋，眼不花。国家大事全知道。"孙耀庭微笑着接过话茬："现在的人们多幸福，还是共产党领导得好，江总书记领导得好。这真是'国正天心顺，官清民自安'哪。"孙耀庭并将"国正天心顺，官清民自安"这两句名贤集上的老话写成条幅赠送给我们。

　　我每次看到这两句话，都觉得它有着无限深长的意味。它蕴含着一个饱经人间世事的老太监，对人民幸福美好生活的憧憬；蕴含着对我们伟大中国共产党领导的繁荣昌盛的人民中国衷心赞颂！

西太后御前女官裕容龄

叶祖孚整理

楔 子

还是 1988 年的时候，我认识了香港的一位出版商郑先生。郑先生告诉我，香港有一位陈女士曾和北京一位当过西太后御前女官的人（后来我知道这就是裕容龄）关押在一起，她知道一些容龄的情况。后来她被释放出来，又流浪到了香港，曾试图写出这段经历。一方面由于时间不充裕，另一方面她的文化底蕴不高，更主要的是她的身体长期受到摧残，没有力量把这段经历写完，后来在一次事故中，陈女士身亡了。但她把未写完的手稿交给了郑先生，托郑先生找个人把它续写完。

郑先生找到了我。他说："北京的事情你熟悉，你把它续写完吧！"

我抽时间读完这卷残稿。虽然这是她在内地和香港两处分头写成的，稿纸大小不一，文理也不通顺，但文稿有那种女性特有的纤弱秀美，虽不很工整但仍很娟丽。写作时显然她是哭了，留下了泪痕斑斑。

我读了该卷材料，又读了些史书，并做了些调查，试模仿陈女士的口气写了下面这个资料。材料的次序以及内容都是陈女士原材料中提到的，只是经过我的润饰、整理、加工并扩写，文笔上已不同于原稿。

值得注意的是，容龄这个人很早涉足政坛，步入西方世界，回国后又长期从事中西文化的交流工作，把西方文化介绍到中国来；她又极力向西方宣传中国的传统文化，是个应予高度评价的中国女子。

陈女士的残稿只写到她离开了关押的地方为止。她后来如何到了香港，没有写。以后的内容是我访问容龄的亲友续写成的。

一、奇怪的照片

雨正在淅淅沥沥地下着，自半夜到现在足有四五个小时了。从窗外透进来的亮光看，天快要亮了。

我不能忘记我是怎样被关进这个小屋来的。一天下午，五六个人突然闯进我的家，翻箱倒柜之后，拿走一些信件，就把我送到这儿来。后来我知道这是清末一位女官的家。她有一所豪华的房子，新中国成立以后已经卖给了中国社会科学院下属的一个研究所，她搬到她家原来的马厩去住。她的丈夫喜欢养马，马厩也很阔气，一溜五间北房，装点以后还是套很好的住宅。她家还有四间西房，也关押了一些人。进门往右靠墙还有一排房屋，那是五间小房，原来是传达室、收发室、群众来访接待室等，现在除了头一间仍是传达室外，其余房子都关满了人。因为我们是被关押在大院以外，这个地方叫小草厂，离大院走起来还有一刻钟的路程，无疑是看守力量薄弱的一环。这使得我有机会可以了解一些后来我觉得很珍贵的材料。

我第一次被送到这里，发现屋里原来关着一个老妇人，我和这个老妇人一起关押的岁月成为我后来终生难忘的一段经历。我甚至觉得是种

"幸运"。

老妇人一宿没有睡着，我听见她来回翻身的声音。我是因为这意外的袭击失去了人身自由而不能入眠，那么又有哪些烦恼与痛苦使她不能睡觉呢？

我听见一种稀里索落的声音，斜眼看去，只见她正拿着一张小照片在微弱的亮光中瞧着。

我不禁坐起身来，走下地，来到她的床前。

那是一个跳芭蕾舞姑娘的舞姿，她身穿纱舞衣，裸露着两肩，两手掂着舞裙，正在做一个蹲身的姿势。

"这是……"我不免要问老妇人。

"我！"

"你？"

"是的，这是我。那是1902年，我们国家还没有跳芭蕾舞的人，我是从法国学会了芭蕾舞归国的。"

"真看不出你还会跳芭蕾舞。"

"我是中国第一个跳芭蕾舞的人。这里原是我的家，这张照片我冒着风险夹在贴身的衣袋里没有被搜去，我看着它就想起了过去那些难忘的岁月。"

我又偷偷地回到自己的被窝里，虽然，1966年9月的天气还不算冷，可已经透着凉意。

"我们以后慢慢聊吧！难得我俩相处在一起。"那老妇人关照着我，声音很慈祥，看样子她已是个70岁左右的老人了。我从心头感到一阵温暖。这翻天覆地的"大革命"像一根大棒把我打翻在地，把每家每户平静的生活都搅乱了，老天爷让我和这个老妇人处在一起，天知道我以后的日子怎么过呢？

我俩谁也不说话，眼睁睁地看着天渐渐地亮起来，雨已经止了。只是风正在刮着，窗外那棵槐树簌簌作响，小屋的玻璃窗正在往下流水。

二、"里通外国"嫌疑

我被关进小草厂院子，审讯我的第一件事就是我的家庭情况。这是一个使我很难回答的问题。我家原籍上海郊区，父亲是个中学教师。祖父母生下父亲两年后，又得一女，因为家庭生活贫寒，只能养活一个孩子，于是就把那女孩送给了当地一家钮姓大族。后来钮家居然把我姑姑抚养长大，上了大学，上海解放前夕，全家迁往美国定居。祖父母去世后，父亲总觉得为了抚养自己，把亲生妹妹送给人家，是一件让他十分内疚的事。他终于打听到姑姑在美国的地址，给姑姑去信道歉，两人发生了联系。姑姑常从美国寄些钱给父亲。1964 年父亲在上海因得肺癌去世时，我正在北京上大学，姑姑怀念我这未见过面的侄女，便从美国寄钱给我。当时因为中美尚未建交，这些钱都是通过香港一个客商转寄来的。那个客商有一次到北京还找过我，人很和善，留下钱也就走了，我甚至叫不出他的名字。但这就成了我"里通外国"的重要嫌疑，一个毫不相识的"姑姑"怎会大方地寄钱给从未见过面的侄女呢？那个香港客商到底又是个什么人呢？当提审我时，我张口结舌答不上来。

我回答不上来，他们就让我回屋写材料，我冥思苦想，拿着笔不知道该写些什么。

我看看那老妇人，她写得挺快，已经写了好几页纸。

"你都写了些什么呢？"

"我跟你不一样呀！"她镇静地回答我："我罪孽深重，我的家庭烙印以及我自己的问题都是严重的。你是一张白纸，而我呢？已经在白纸上画上很多丑恶的图画了。"她的话使我想起刚来到这里时我被提醒和我同住的人是个"封建余孽"，要我注意她的行动，还要汇报她的动态。

"你怎么写你的家庭呢？"

"喏，你看看我写的家庭情况吧！"她把她写的一叠纸拿给我看，字迹娟秀美丽，我不由得一行行地看下去。

三、用太平军的鲜血染红了珊瑚顶子

下面就是她写的材料：

我的父亲叫裕庚，字朗西，汉军正白旗人。他是个聪明人，幼年读书时一目十行，过目能诵。后来的经历也证明他是个聪明人。祖父曾经为他的聪明担忧，怕他聪明过度，不能保持好名声，将来没有好下场，聪明未必是福呀。后来从我家的发展情况看，我们家和慈禧太后发生了密切的关系，他的聪明确实使我们走上了罪恶的道路。

父亲12岁那年，即到国子监读书。那时胜保（后任与太平军作战的江南大营统领）在国子监当助教，他一眼看上了父亲这个学生。到20岁那一年，父亲就到了胜保军营，做些文书起草的工作。他很能写文章，下笔千言，气势磅礴，所写军事报告，极尽铺张之能事。在跟随胜保的过程中，他又是胜保的酒友，每顿饭都要陪胜保饮酒。他也看到了历史上一些动人的场面。同治元年（1862年），太平军后期重要将领英王陈玉成在安庆失守后，被困庐州，粮尽弹绝，当时清朝利用叛徒苗沛霖引诱陈玉成突围来到寿州，陈玉成一到寿州，刚进城门，吊桥就吊起，他和他率领来的军队被隔离而就擒。胜保日夜审问陈玉成，陈玉成威武不屈，誓死不降。当时审问陈玉成的记录员是我父亲，陈那时被押在三间陈设得很好的屋子里，用木栅栏围着，有重兵看守。父亲和几个朋友去探望他，他谈吐很得体。

陈玉成英勇牺牲之后，胜保责成我父亲整理陈玉成的供词，父亲无耻地加上"我所犯弥天大罪""久仰胜帅威名，我情愿前来一见"等词句。那个有名的《陈玉成自述》实际上是我父亲伪造的证词，里边不少是我父亲夹带的私货。正因为我父亲早年参加了镇压太平军的血腥活动，他仕途晋升得很快，他帽子上的珊瑚顶子是用太平天国战士的鲜血染红的。

胜保虽然杀了陈玉成，可是他还是尽打败仗，清廷不重用他，最后责令他自杀。胜保失势以后，父亲由朋友冯鲁川介绍到了安徽巡抚乔松年麾下，仍然从事奏章的起草工作，乔松年很器重他。同治五年（1866年），父亲随乔松年去陕西，升任知府。乔松年因围剿捻军失败，告退。父亲又到了另一个重要官员英瀚的手下做事。英瀚是个镇压太平军与捻军的大刽子手，他还镇压了黑旗军首领宋景诗。父亲在他手下更是得心应手，权势更大了。

在这时期，父亲还插手了当时轰动天下、后来成为清末四大奇案之一的"张文祥刺马"一案。"马"是马新贻，曾任安徽布政使、浙江巡抚、闽浙总督、两江总督等重要职务。马新贻在当合肥县令时，因与捻军交战，丢掉了合肥城，本人也被捻军张文祥擒获。张文祥想向清朝投诚，就优待马新贻，并与马新贻、曹二虎、石锦标三人结为盟兄弟，说好"苟富贵，毋相忘"。他们放跑了马新贻，并率众投降了马。当父亲到乔松年麾下工作时，马新贻已当了安徽布政使。马新贻官居要职，就不愿意与张文祥多来往，且霸占了曹二虎的妻子，诬曹二虎私通捻军，杀了曹二虎。于是张文祥就藏匕首潜逃他乡，伺机谋杀马新贻。马新贻任两江总督时，一天正在衙中看将校比赛射骑，射毕走下厅来，有一位同乡捧着名片求见，马新贻正俯身去接受名片，旁边一位穿着四品官服跪着的官员突然起身操刀刺杀马新贻，刀入左肋。马新贻抬头一看，是张文祥，只说了声："是你呀！"已经不能说话。左右把马抬入府内，不久就死了。张文祥刺马之后，脱去冠服，直立在演武厅下，朗朗地声明他与马新贻是刎颈之交，马新贻贵而忘故旧，淫曹二虎之妻，诬杀二虎，他为故旧报仇杀了马新贻。堂下愕然。后来在审讯过程中，官员想让张文祥改认为海盗挟仇报复，他不答应，如实揭露了马新贻的丑恶面目。张文祥被杀后，上海的戏园很快编演出了《刺马传》，安徽巡抚英瀚一方面函请上海道台出面禁止上演此戏，另一方面为马新贻立祠请谥，为马新贻编写了奏章，把马新贻吹捧成像曾国藩、胡林翼一样的人物，这都出于父亲的手笔。同治十三年（1874 年），英瀚当了两广总督，父亲也去广东当道员，事无大小，一律决于父亲，英瀚不过签字而已。英瀚后来于光绪三年（1877 年）调到乌鲁木齐当都统，卒于任上。

英瀚一死，父亲无所事事。这时有人介绍他到李鸿章麾下。后来又到台湾巡抚刘铭传名下，刘铭传恢复了他的知府职务，并发往湖北。在湖北，他还见了张之洞，这是他生活中的一大转折点。张之洞非常欣赏父亲的能力，让他管理了一段汉口、沙市的税务工作，并保送他当内阁侍读学士，出使日本和法国。这时清朝已经发觉外事工作的重要性，天天接触一大批外国使臣，怎样与洋人打交道呢？于是父亲就充当了清朝最早的外交官，揭开了他生活中最得意的一页，也为我以后的宫廷生活打下了基础。

四、中西合璧的家庭

材料就写到这里。她说有些话不便往上写，等夜深人静的时候，我们慢慢谈吧！夜间有时能听到审讯被押人员的声音，有时却静得出奇。一般我们都较早地入睡，看守人员从走廊上走到我们这里，只转过头来看一看，又走回去了。

我问她："你父亲怎么当的外交官呢？"

她说，"这跟我母亲有关系。父亲原来有个妻子，这个妻子死后，遗留下一个儿子叫奎龄。旧社会官场的人总是三妻四妾，玩弄女人没有够的。父亲在前妻死后，就把丫鬟凤儿纳为偏房，还不时外出寻花问柳。在北京，他意外地遇到一个碧眼高鼻的洋妓，洋人白皙的皮肤以及特有的风姿使他神魂颠倒，而她又能操满口流利的汉语更使他感到满意，原来她是个具有中美血统的混血儿，在上海卖淫时认识一个中意的情人，后来情人跑到北京，她追踪来到北京，却遇见裕庚，两人相见恨晚，就结为夫妻。那就是我的母亲。母亲约束裕庚很严，不许他纳妾，更不许他到风月场中游逛，我父亲都答应了。她居然能够以她独特的风情使裕庚就范，而且潜移默化，使父亲也适应了西方文化，这就是父亲后来能够出使西洋的原因。

"母亲是个厉害的女人，她自进入我家，不久就逼迫凤儿上吊，也逼死了奎龄夫妇。她使得父亲身边只有她一个女人。"

"她带过来一个儿子，小名叫羊哥，后来取名叫勋龄，他也跟随我父亲和母亲出使过法国，后来也在皇宫里做事。"

"她和我父亲生下两女一男，两女即我和姐姐德龄。我叫裕容龄。还有个男孩子，叫馨龄。听说过我和我姐姐的名字么吗？"

我摇摇头。这些事对我来说无疑是太陌生也太新鲜了。我好像在听一个美丽的故事，她的话把我引入到遥远的清末，我仿佛听到了清廷迷人的音乐笙歌，也仿佛看到了闪烁的刀光剑影。我有点喜欢这个老妇人了。寂寞中难得遇到这个有奇特经历的女人。她的叙述是在向我宣读一页历史教科书，使我在迷惘之中反而变得逐步充实起来。

"我母亲的到来，使我们家成为一个奇特的家庭。例如父亲是个满族官员，他也有吸鼻烟等清朝官员的习惯，可是他喜欢收藏照相机，我哥哥勋龄从小就爱摄影。母亲汉语讲得相当好，可是她也从小教我们姐妹两个学习英语，家中时常放一些西方歌曲的唱片，这使得我父亲爱听京戏之余，也爱听西方的古典音乐。我家是一个中西合璧的家庭。"

"我父亲后来自法国归来，当时西太后为了外事工作的需要，身边需要一些懂得外国事务的女人，我母亲和我们姐妹两人就被指定为她身边的女官。我们三个人懂得英、法等国语言，也会一些外国音乐技能，例如弹钢琴、拉小提琴等。我们在西太后身边大约二年，我待的时间长一些，后来又干了一年。这几年短暂的时间决定了我们一生的命运，也是今天我的悲剧生活的由来。"

黑夜间我们的谈话声音很小，容龄微弱的声音更为细小，可是很清晰。

五、我的丈夫唐宝潮

第二天，容龄被提审，半天才回来。她一进门就脸色惨白，音容凄怆。我为她倒了杯水。自从我俩合住一屋之后，每天到锅炉房提开水的事自然应该由我这个年轻人担当。我问了问她提审的经过，她苦笑着指着那一叠交代材料说："自然通不过。说我是包庇我那反动的父亲，为父亲涂脂抹粉等，我已经痛恨我父亲，我知道他的双手是沾满了人民的鲜血的，可是怎么说也没有用，我再深刻地批判我父亲也说我是在包庇他。"

"那该怎么办呢？"我问。

"要我继续揭发他的问题，并且深入交代其他问题。"她态度泰然，毕竟是上了岁数的人，能够从容应付这个局面。她喝了口水，又铺开纸继续拿笔写起来。

下午，我也被叫到总部提审，也被劈头盖脸训了一通，因为我没有交代出什么问题，也没有写出什么材料来。但我因为知道上午容龄的经过，思想上已有些准备，所以还能承受。回到屋里，望着一堆纸直发愁，不知道该写什么。

容龄从这两天和我的谈话中已大概知道我的身世。她停下了笔问我：

"抚养你姑姑的钮家是什么样的人家？"

"我听我父亲说，那老人家叫钮永建，是当地一家大族。"

"钮永建？那可不是普通人，他是老同盟会员，又叫钮生。留学日本，和孙中山一起搞革命工作。辛亥革命后孙中山在南京建立临时大总统府，钮永建任总统府秘书长。日本投降后，他和叶楚伧同为国民政府派往上海的宣慰使，他是国民党的元老。新中国成立后，他从台湾迁到美国定居，活到90多岁死于美国，你姑姑可能就是那时和他一起迁往美国的。如果是他，积善之家自然会抚养你的姑姑长大。他和国民党的贪官污吏不同。可惜现在的人很多不知道钮永建的情况了。"

我听了愕然，一说是国民党，自然情况更复杂了。我更陷入一个难堪的境地。我自然理解姑姑长期以来接济我家的情况，因而产生了一种感激的心情，但也觉得无法与人说清楚这些情况。

"你不用着急，走着瞧吧！"容龄安慰我。我望着她那憔悴的面孔，不禁感动起来，自身难保，还想着别人，这岁月风云突变，小院子里不断关进人来，连楼道里也关押人了，我的问题哪一日才能结束呢？

又一个静悄悄的夜晚开始了。黑暗中我发现她双目闪闪发亮，她没有睡着，仍然思考着她的问题。

"从前的事想想也好，这是历史，要不也没有工夫想。我的父亲毕竟是个罪人，但我跟随着他漂洋过海，学了不少东西。1895年父亲当驻日公使，我和他同赴日本，在日本请教师学了日文、英文，同时从日本宫内省大礼官长崎学习外交礼节和音乐舞蹈、插花艺术。父亲是个聪明人，他已经看出外交事务是个大有可为的工作，决心培养我们姊妹从事这一方面的工作。1899 年父亲到法国任清廷驻法公使，我在法国有名的圣心学校读书，学习法文，同时学习法国音乐，学会了芭蕾舞，我的舞蹈学得比姐姐要好一些，常常是她弹钢琴，我跳芭蕾舞。1901 年我又到法国总统府向大礼官学习外交礼节。要从事外交事务，这些繁文缛节是不可少的，幸而我有机会在日本和法国学了一些外交礼节，这为回国以后在清廷当女官做好了准备。"

"我不能忘记我青年时代在法国认识的一个人……"她沉思起来。

"什么人？"我问。

"我的丈夫。"她说。

"你怎么认识他的？"

"说来话长，我是要交代这个问题的。但我的丈夫和父亲的情况不同。父亲的双手沾满了人民的鲜血，但我的丈夫却是个老实本分的人。他是我国在法国第一批学习陆军军事的人，我是在法国认识他的。"

"你能说说你和你丈夫相识的经过吗？"

"明天再说吧！待我想一想再说。"

我俩都不说话。但我看得出她在沉思，黑暗中她的两眼发亮，她的思想也许又飞到巴黎那个充满着异国情调的地方去了吧？

第二天，容龄安详地写她的交代材料，我真佩服她临危不乱的精神。我实在交代不出"里通外国"的材料，所以除了胡乱地写一些无关紧要的废话外，就借故到锅炉房打水，或上厕所，或者在休息时间（相当于犯人"放风"的时间）在小院指定的范围内逛逛。

又到了夜里，又是我们低声交谈的时候了。我俩躺在床上，她问我：

"你有男朋友吗？"

"没有。我还小呢！"

"初恋是一生中的黄金时刻，青春时期那种男女青年萌发的刻骨铭心的爱情常常使一个人到了晚年也难以忘却。那还是在我父亲任驻法公使时，中国已有了第一批留法学习军事的五个学生，我哥哥勋龄就是其中之一。那时中国驻法公使馆经常在节日举办舞会，来使馆参加舞会的有那时中国驻法的华人、法国外交界的青年男女。我们招待客人除了常用的咖啡和西点外，还有中国特制的广东虾球、北京凉糕、上海的小笼包子，这恐怕是吸引来宾最主要的原因了。有一天，夏日黄昏时刻，勋龄带了他圣西陆军士官学校的中国同学到使馆参加舞会，一个高个子的年轻人，上身穿一件白绸衬衣，因为是假日，他没有穿军装，见了我有些腼腆，勋龄对我说：'这是我的同学。'那个人冲我微微点头说：'我叫唐宝潮，广东珠海人。'我俩相识了，这第一次见面中，他告诉我他是中国第一个来这儿学习陆军知识的，法国《武事报》曾经报道过他的到来并刊登了他的照片。他说中国太落后了，尤其在近代军事方面，中国没有一支像样的军队，这怎么能不受列强的欺侮呢？他说他在陆军士官学校毕业后，还要去学骑兵，中国土地广博，他要率领一支骑兵队在中国广袤的土地上驰骋，这才像是报国的好男儿。我被他的话激动了，那时我们这些最早出洋的人，差不多都有这样的想法。西方的物质文明和精神文明常常使我们产生一种想法，愿意使自己成为为中西文化搭桥的人。我就想如有可能，我要把法国的芭蕾舞介绍到中国去，在中国举办大规模的芭蕾舞会，让大家来欣赏西方这种美丽古典的舞蹈。我也把我的这种想法告诉了唐宝潮。那天晚会上，我俩在美妙的乐声中婆婆起舞，他的舞步相当纯熟。第二次舞会，他又来了，这次他穿了军装，呀！好英俊！从此他时常来使馆跳舞，我俩相爱了。"

"我父亲对唐宝潮也发生了兴趣。他看着唐宝潮，忽然想起另外一个人。中国政府在经受中日甲午战争之后，想到要学习日本明治维新富强之路，在 1872 年组织官派学生赴美国留学之后，也派遣了第一批官派留学生 13 人到日本留学。其中最年轻的学生只有 18 岁，叫唐宝锷。当时父亲正任清廷驻日公使，他把这批学生的教育事务委托给日本内阁外交大臣兼文部大臣西园寺公望管理。西园寺又委托东京高等师范校长嘉纳治五郎具体办理。嘉纳认为这批学生日语基础尚差，不能进正规学校学习，就以私人名义给这些学生办了个特别班，取名'亦乐书院'，并派本多增次郎为监督教授，学习的课目以日语为主，兼学数理化。后来这 13 个学生先后有六人中途辍学，三年后有七名留学生毕业，唐宝锷名列第一。这个'亦乐书院'后来被更名为弘文学院，黄兴、鲁迅、陈独秀等都曾在弘文学院学习。"

"唐宝锷曾于 1899 年与同学戢翼翚合著专为中国留日学生学日语用的《东语正规》一书，并被聘为弘文学院讲师。唐宝锷后来当过清廷驻日公使馆翻译，又在东京早稻田大学毕业，成为中国最早在日本取得学士学位的两名留学生之一。回国后取得翰林头衔。北洋政府时期曾任大总统府顾问、国会众议院议员，后来是京津两地有名的大律师。"

"父亲看着唐宝潮，觉得他像唐宝锷，后来一了解，果然两人是堂兄弟。如果说他当驻日公使期间，留学生算是他的'门生'的话，那么唐宝锷、唐宝潮不期而遇都是他的'门生'，而且唐宝潮更是年轻英俊可爱，他也有意收他为婿，这是我俩后来成为夫妻的基础。"

"唐宝潮在法国圣西陆军士官学校毕业后，又在李弥一所骑兵大学毕业。后任中国驻法公使馆武官，1912 年我来到法国与他结婚。1918年第一次世界大战结束，巴黎和平会议召开，开幕式上中国作为战胜国，也要派出骑兵队参加检阅仪式，唐宝潮作为中国骑兵队的领队，雄赳赳气昂昂地在阅兵式上走过，我一直留着这张照片，可惜在这次'文化大革命'抄家时被红卫兵撕毁了。"

她不说话了，是睡着了还是沉思呢？我不知道。慢慢地我也睡着了。睡梦中忽然听见容龄在呼喊："宝潮！宝潮！"我醒过来一看，她是在梦呓，可怜这个老妇人，睡梦中又在怀念她的丈夫。

六、遇见刘部长

我因为交代不出问题，被责令去大院总部参加劳动。那时参加劳动的情况有好几种。我是属于参加半天劳动的人，因为毕竟我是属于"里通外国"的嫌疑，还没有掌握什么具体材料，另外还希望我能交代出一些问题，所以还留给我半天时间，让我思考自己的问题并写出来。

我看容龄总是手不停笔地在写，写累了也思考一下，然后继续写下去。

"你在写什么呢？"我问。

"要我交代我在清宫侍候西太后的罪行。我在宫里待了三年，一直在西太后身边当女官，知道的事情确实不少。我要把它写出来。你可以看看我写的材料，夜里我们再谈。"

我参加劳动第一次干的活是修路。我干的活是和一些女干部们挑选铺路面的砖头，砖头大小不一样，要用瓦刀敲齐，使得大小基本一致，好铺上路面。当我坐在地上把砖头放平，用瓦刀一刀砍去时，因为用力过猛，被砍下的砖角飞出去弹在一个人头上，只听见"哎哟"一声，我闻声寻视，只见那个人头上流下血来，他用手绢捂住。我站起来走过去，直向他道歉，他说："不要紧，一会儿就会好的。"我细看了看他，只见他已经五十岁出头，头发有些斑白，戴眼镜，挺斯文的样子。我认出他来，他是区委统战部的刘部长。记得有一年春节时候他邀请华侨家属开座谈会，我去了。他在讲话时说："各位侨眷，国外有亲人，就给我们带来了不可推辞的任务。我们要向他们宣传祖国的成就和北京这几年建设发展的情况，让他们心向祖国，热爱祖国。'海外关系'再也不是什么可怕的词儿了。谁没有个什么关系呢？想当初海外侨胞漂洋过海外出创业受尽了艰难，他们为异国他乡的建设做出了贡献，也为祖国带来了光荣。当祖国有了困难的时候，他们常常从物质与精神方面来支援祖国。我们要关心这些海外游子，希望他们有条件能够回到祖国来看一看，大家要做好海外侨胞的工作，时常给他们写信，也可以寄些读物给他们。"刘部长的话使我心里热乎乎的，我从不因为在美国有这样一位没有见过面的姑姑而背上思想包袱。可是现在我却因为"里通外国"的嫌疑而被扣在这里。我向刘部长说：

"刘部长，'海外关系'毕竟还是个问题呀！我如果没有这个姑姑，绝到不了这里。"

刘部长也认出了我，他慈祥地看着我，虽然我俩同处牢笼之中，而且肯定他受的冲击要比我大，可是他却显得平淡而从容，没有什么激动，他只笑着对我说："一切要往前看，你自己要相信自己，你做过什么对不起党对不起人民的事没有？如果没有，你不要害怕。事情慢慢总会弄清楚的。"他的声音很小，可是就有一种强大的力量熨平着我那心灵上的创伤。

刘部长去干他的活了，我又继续砍砖头。

七、她是怎样当上女官的？

下午，我抽空看了看容龄写的材料，开始了解到她当女官的事情。她在很厚的一叠材料中主要写了以下几个问题。

推　荐

1902 年，清朝派庆亲王的长子载振到英国参加爱德华七世的加冕典礼，载振路过巴黎，特地去看望裕庚。在裕庚的家里，载振意外发现裕庚有两个会说英语、法语、日语，也会讲一点俄语的女儿。他想起了慈禧太后的一件心事：眼看和洋人打交道的事情越来越多，总需要有个人当翻译。和外国公使夫人来往时该说些什么？她们微笑着向你蹲身了，你是去搀扶她们呢？还是也要蹲下身子呢？这些事慈禧全不懂，她早就想身边应该有些懂得外国事务的人，帮她处理这些问题，这些人也是"女官"。她托载振代为物色，现在载振发现了人才。他在回到北京后向慈禧作了禀报，慈禧立刻同意予以任用。

晋 谒

1903 年冬天，裕庚奉调回国任太仆寺卿，负责处理各国外交事务。有一天，载振来到裕庚家里，说裕庚的夫人以及两个女儿都已被慈禧太后指定为御前女官，要为皇太后做些外交工作。现在有一位姑娘暂时在做这件事，姑娘名叫俊寿，会说德语，但不懂英语和法语，而且父亲职位低，不适合当御前女官。裕庚立刻答应了。载振高兴地对裕庚夫人说："皇太后一定会喜欢你们的，她正需要你们。但是宫廷的礼节太复杂，你们不懂，要学一学。"于是容龄母女又在庆亲王府专门由庆王的侧福晋和大奶奶（载振的夫人）教授了清宫的一些繁文缛节。

1904 年 4 月间，慈禧通知容龄母女三人，于农历三月十五辰时到颐和园觐见。容龄等准时到达颐和园，换乘小轿来到乐寿堂。首先迎接她们的是一个面容瘦削的女人，这是皇后，皇后领着她们去见慈禧。慈禧正在批阅奏折，容龄母女等叩头谢恩后，慈禧就和她们谈话。

"我很喜欢你们到宫里来，你们有多大了？"

"会说哪几个国家的话？"

"汉文读得怎样？"

正说着话，一位 30 多岁的男子走进来，慈禧告诉容龄等人这就是皇帝，容龄等向光绪帝请安，光绪皇帝却没有表情，只是点了一下头。

那天正好德和园演戏，大家都得依规定，陪慈禧到德和园看戏。一个太监向慈禧叩头说：

"请皇太后到颐乐殿，要开戏啦！"

于是慈禧就外出乘轿，光绪皇帝、皇后等走在轿子的后面，容龄等人又跟在皇后等人的后面，一起走向德和园。

看 戏

容龄等人陪同慈禧看戏，属于"赏戏看"。慈禧轿子一进德和园，被赏听戏的大臣们已经聚拢在右边阶下。步行随在慈禧轿子后面的光绪皇帝、皇后和宫女们，这时已赶先绕进颐乐殿后门，在殿里等着慈禧进来。慈禧在颐乐殿前下轿后，站在殿门前的王公大臣向慈禧叩头谢恩，谢赏听戏。然后他们分列在东西廊下，那儿没有座位，只有大红垫子。当他们看到慈禧在殿内坐下后，才敢坐到垫子上。慈禧在殿内坐下后，皇后就对容龄母女三人说：

"你们是头一次到宫里来听赏戏，给老祖宗叩头谢赏吧！"

于是容龄等三人就跪下叩头谢恩。

中午慈禧就在颐乐殿内吃饭，把炕桌和方桌接连摆平，一共摆上16样菜，慈禧面前单放她喜欢吃的五六样菜。然后太监跪下说："请皇太后用膳。"慈禧便招呼左右的人一起用膳。容龄等赏吃饭的人都是站着用膳。在慈禧吃饭的时候，演出照常进行。

戏一直演到下午才结束，慈禧回到颐乐殿，召见了容龄母女三人。慈禧问起各国宫廷和总统府的规矩礼节。最后慈禧问裕庚夫人："今天的戏你觉得怎么样？"

裕庚夫人说："今天的戏好极了，可惜奴才对音乐没有研究。奴才的女儿虽然书念得不多，但她们喜欢音乐。在外国的时候，曾经学过好几年音乐和古典舞蹈。"

慈禧说："那就好了。从前明朝末年有个田贵妃舞蹈很好，可惜失传了。我总想让王府的格格们研究些舞蹈，但找不到适当的人来教她们。既然德龄和容龄会跳舞，那就让她们在宫里研究吧！"

正说着话，颐乐殿的钟表响起来，到了四点钟了。慈禧说："都四点钟了，你们还要进城，现在就走吧！过几天这里的牡丹开了，我要请各国公使的太太们来观赏牡丹，到时我再叫你们来。"一个太监走过来说："谢恩吧！"于是容龄母女依次叩头谢恩。有几个太监捧着三个大黄盘过来，每个黄盘里放着一件蟒袍和一件绣花的旗袍，这是慈禧赏赐她们的，于是三个人又叩头谢恩。

二次入宫

容龄母女回家后过了几天，宫里送来一张黄纸帖，召她们进宫，她们又二次进入颐和园，这是正式当女官了。

每天早晨八点钟，皇后以下的格格和女官们都齐集在乐寿堂殿内，等候向慈禧请安。慈禧漱洗完毕后，再来到乐寿堂，大家一齐跪下，齐声说："老祖宗吉祥！"西安回銮之前，大家都叫她"老佛爷吉祥！"，西安回銮后，不知怎的，改成"老祖宗吉祥"了。于是慈禧在一张檀香椅子上坐下来，阅看各省督抚或军机处的奏折，奏折都分装在几个黄匣子里，由大总管递给她。看完奏折，慈禧就坐轿到仁寿殿，会见王公大臣们，商议国事。

容龄母女三人被安排住在乐寿堂旁边的屋子里，离慈禧很近，为了慈禧可以及时召集她们议事。她们在宫内住了两年，容龄后来又住了一年，约三年的样子。她们帮慈禧出谋划策，解决了一些外交事务方面的问题。

八、西方生活渗入古老的宫廷

慈禧太后对容龄母女的到来十分高兴。在外国使臣越来越多的情况下，大清朝应该用什么态度去对待他们呢？卑躬屈膝吗？清朝毕竟是个老大帝国，不能太丢脸了。还维持原来那副高傲的样子吗？乾隆盛世已然不再，实在摆不起那谱儿了。但总是要接近洋人，要熟悉洋人那一套，这是慈禧晚年处心积虑琢磨的问题。

容龄母女的到来，教给了她一些西方的生活方式，使她逐步了解了遥不可知的西方社会，西方文化，逐渐渗透进古老的宫廷里。

拿喝酒来说吧。慈禧是不喝酒的。现在为了陪公使夫人用餐，她也要喝一点新酿的葡萄酒，这总比喝荷兰水（汽水）要好一些。慈禧吃饭是嚼之极细、咽之极慢的，她注意到洋人吃饭也不是狼吞虎咽似的。不过洋人胸前挂一小块方巾，以防油渍，这也可以学，她也挂上了一小块杭州真丝方巾，显得干净些。要招待个远方客人，除了摆一大桌满汉糕点外，还要在桌上端上块外国蛋糕，摆上些刀叉盘碟，还要有洋酒和荷兰水，盘子旁边放些鲜花，西方都是这样做的。慈禧特别指出，外国人来时要端上"黑水"（咖啡），她虽然觉得茉莉花茶好喝，可是她得学会喝"黑水"，尽管多放糖，喝起来还是觉得别扭。

慈禧是抽旱烟的，由太监或宫女们为她装满一筒烟慢慢地抽着；也抽水烟，宫女递给她水烟壶后，捧着壶"呼噜呼噜"地抽。自从她发现洋人抽雪茄烟后，她也抽上了雪茄烟，不过不是夹在嘴间吮吸，而是把它插在旱烟管内，一边和人说话，一边悠闲地吸着。

她开始注意与外国公使以及外国公使夫人交朋友了。容龄等教给她如果外宾是从共和国来的，便问："你们的大总统好！"如果是从君主国来的，便问："你们的国王好！"容龄还教给她要掌握各国公使夫人的生日，到了日期主动送去蛋糕或其他礼物表示祝贺，或者派遣容龄等人或其他格格们去祝贺，这是加强两国联系的一种方法。例如美国公使康格夫人 60 寿辰那一天，慈禧就派人送去了鲜花和寿桃，令康格夫人又惊又喜。她也举办些游园会，每逢端午、中秋节或是她的生日，她邀请各国公使夫人到颐和园游园，届时嘉宾满园，熙熙攘攘，慈禧感到作为一个大国东道主的喜悦。

容龄她们还教给慈禧宫内要有些西洋摆设，如"断臂女人"（维纳斯），这在西方是常见的，让公使夫人看了觉得咱们中国很熟悉西方。宫里还要放些极大的穿衣镜，外国人习惯照通身的侧影。至于收藏自鸣钟，这本已是清朝统治者历来的嗜好，清宫本来就有名为"做钟处"钟表作坊。嘉庆以来，"做钟处"日渐衰退。慈禧喜欢外国的自鸣钟，觉得自鸣钟是来自西方的宝贝，如果没有自鸣钟，怎么说明她对西方友好呢？而且自鸣钟这玩意儿确实透着洋味儿，到几点钟，就跳出个小鸟来叫几下，这不是西方特有的味道吗？皇宫、颐和园等地方，都在屋子里陈列着自鸣钟，单乐寿堂就放着 85 只自鸣钟，一到钟点，自鸣钟一齐敲打起来，很多太监、宫女一听见这种"叮当"声音，就觉得头疼，唯独慈禧听了怡然自得，她似乎习惯在这种"叮当"声中过日子了。

九、慈禧接见外宾

当然慈禧更希望知道一些西方的消息。她让裕庚用个人的名义订了一份西方报纸，每天送到裕庚家中，再由裕庚送到宫中。然后由德龄、容龄姐妹翻译，念给她听。慈禧很喜欢听欧洲各国元首的动态。

容龄等刚进宫的第二天，俄国公使蒲郎桑夫人就来晋谒，慈禧让德龄、容龄姐妹两人作了翻译，她觉得很满意。后来经常接见的外宾有：美国公使康格夫人和使馆汉文秘书维廉斯太太；西班牙公使德卡赛夫人和她的小姐；英国公使汤雷夫人；日本公使内田夫人；葡萄牙代办阿尔美达夫人；法国代办托兰夫人和几位使馆秘书太太；还有德国公使夫人等。在这些公使夫人中慈禧最喜欢美国公使康格夫人，这个女人虽然已经60岁了，可是皮肤白皙、鼻梁高耸，而且气度高雅，彬彬有礼，仍然有那种迷人的魅力。慈禧很愿意接近她，看得出来康格夫人也想办法多接近慈禧。

1904年农历七月，庆亲王奏明慈禧，英国公使汤雷夫人请求晋见，还要面呈礼物。慈禧也准备好了还送的礼物。早上十点钟，慈禧和光绪皇帝在仁寿殿接见汤雷夫人，慈禧看看汤雷夫人，觉得她虽比康格夫人年轻，可是没有康格夫人美丽，说话的声音也没有康格夫人动听。汤雷夫人把一个蓝丝绒的小方盒子放在慈禧面前的案桌上，匣子里的白缎垫上有一个白金托，镶嵌着两朵金刚钻花朵的扣针。汤雷夫人说："这是我国最美丽的扣针，希望太后能够喜欢。"

慈禧让容龄把扣针拿过来别在胸前，然后让容龄把她的话翻译给汤雷夫人听："这个扣针很美丽，我很喜欢。"

慈禧走下宝座，邀请汤雷夫人到乐寿堂，在乐寿堂回赠了礼物。礼物是一对翡翠戒指、一对金胎嵌珠子的戒指，还有一些布料。慈禧特别关心地问到英国宫廷都有哪些礼节，汤雷夫人说英国宫廷的礼节是很讲究的，英国宫内专有一些懂得礼节的女官，她们出身于贵族家庭，受过礼节方面的专门训练，能懂两三国语言，还会骑马，因为王后骑马出游时要有女官陪伴。女官还要懂得音乐，晚间要陪王后弹奏各种乐器。慈禧听了后来对容龄她们嘱咐说："你们也要熟悉舞蹈和音乐。"

1904年农历九月间，庆亲王奏明慈禧，俄国公使蒲郎桑夫人要求晋见，并面呈俄国沙皇和皇后的照片。俄国以前曾送过沙皇夫妇的照片。

慈禧特地让李连英①把宫里原有的沙皇和皇后的照片找出来，放在乐寿堂的桌子上。这天上午，慈禧先在仁寿殿接见了蒲郎桑夫人，因为是赠送俄国元首的照片，所以当蒲郎桑夫人把照片交给女官，女官接过照片放在桌上时，慈禧站起了身，又坐下。蒲郎桑夫人说："我国皇帝和皇后命我把这两张照片送给皇太后，并且问皇太后好！"

慈禧回答说："谢谢！这两张照片我一定好好地保存。这是很好的纪念。我可以时常看看照片，就像我和他们见面一样。"

然后慈禧请蒲郎桑夫人来到乐寿堂，让她看已经放好在那里的以前送来的沙皇夫妇照片。慈禧指着照片对蒲郎桑夫人说："这是你们前几年送来的照片，一直在我的房间里摆着，以便时常看看。我们两国是邻邦，我们两国的感情一直是非常好的。"

蒲郎桑夫人感动地说："中俄两国友好的气氛是令人高兴的，我们的皇后时常关心着皇太后的健康。"蒲郎桑夫人乘势邀请慈禧身边的女官、格格、大公主到俄国公使馆去吃饭。慈禧同意了。大公主是庆亲王的女儿，常住在慈禧身边。几天以后，大公主、袁大奶奶、四格格、裕庚夫人和德龄、容龄姊妹俩，还有其他格格共十个人来到俄国公使馆做客。吃的是西餐，由于容龄母女已经进宫一段日子，大家已经学会了如何使用刀叉，所以顺利地吃完了午餐，午饭后又在花园里散步，蒲郎桑夫人邀请大家打网球。容龄笑着说："我们穿着旗袍，戴着两把头，穿着高底鞋，怎么打网球呢？"大家都乐了。回到颐和园，慈禧问大家："今天吃得好不好？蒲郎桑夫人都说了些什么？"大家都感到满意，本来老是待在颐和园里，不接触外界，怪闷的，好容易有一次外出机会，多不容易呀！

---

① 以前各种资料中都误写为"李莲英"，真实姓名应为"李连英"。

慈禧最不喜欢的是日本公使内田夫人，这与日本挑起中日战争侵略中国有关系。1904 年 11 月，庆亲王奏明慈禧说日本公使内田夫人求见。慈禧拿不定主意，不知道她来干什么，没有定下会见的日期。她找裕庚夫人商量，平时她不找裕庚夫人，有事喜欢找容龄姊妹俩，这次关于商讨应付内田夫人的对策，她找裕庚夫人陪她吃饭。吃饭时她说：

"这件事使我很为难，不见她不好，见她又不知道她要说些什么，猜不透她要说些什么，所以我没有确定会见她的日子。"

裕庚夫人说："老祖宗圣明，不见她不合适，可能要引起误会，不如见一见她，她也可能只是探探口气吧？"

于是慈禧决定接见内田夫人，她特别通知容龄母女三人都在旁侍候，容龄充当翻译，如果内田夫人提出一些不方便的问题，就用话岔开。

这次会见是在皇宫里进行的。到了指定的日子，慈禧在中南海福昌殿接见内田夫人，慈禧请她坐下，内田夫人恭恭敬敬地鞠了个深躬然后坐下。裕庚夫人和德龄、容龄、四格格站在慈禧的旁边。

内田夫人说："北京的天气很冷，比日本要冷得多。"

慈禧问："日本冬天生什么炉子？"

内田夫人说："洋房子和办公室生洋炉子，很暖和。纯日本房子，因为地上铺席子，所以不能生洋炉子，只生炭火盆。窗子又是纸糊的，所以冷得多。"

慈禧问："你们冬天穿什么衣服？"

内田夫人说："我们的服装和中国差不多，也穿丝绵棉袄。"

慈禧说："听说日本种的花很好呀！"

内田夫人说："是的，日本养的菊花很好，一枝上能开五六十朵。日本最贵重的花是樱花，每年春季，天皇和皇后要举行游园会，邀请各国外文人员来赏花。"

慈禧知道日本人爱吃甜食，已经通知御膳房准备了各种点心和糖果，谈话中间就端上了点心和糖果。慈禧看见内田夫人喜欢吃千层糕，就对她说："你喜欢吃这个，以后做了给你们送到使馆去。"内田夫人听了站起来向慈禧深深地鞠了个躬。

这时内田夫人开始转入正题，她说：

"现在我们使馆里很忙，公使因为战争的事情心里常常不安宁。"当时正值日俄战争进行之际。日俄战争就在中国的土地上进行，当然与中国有关。容龄听出这话的意思，就没有翻译这两句话，而是对她说另外的话：

"皇太后很喜欢你们的服装，她说你们的服装好看。"

内田夫人似乎察觉出慈禧在躲避这个问题，她笑了一笑，也跟着说：

"我很喜欢你们的旗装，我也打算做一套。"

慈禧说："我送你一套旗装吧！"

内田夫人又站起来恭恭敬敬地鞠了一躬。

于是慈禧就让四格格出去告诉李连英，一会儿李连英用盘子托着一件锈花旗袍料和一件绣花坎肩料进来。裕庚夫人和德龄把这两件衣料拿给内田夫人看，内田夫人又站起来鞠了一躬，并把衣料包起来放在一旁。内田夫人又夸奖了一番中国刺绣工艺的精巧，又说了些别的，然后向慈禧告辞。临行时又深深地鞠了一躬。

内田夫人走后，慈禧问容龄刚才内田夫人说了句什么话，你给闪过了。容龄告诉慈禧后，她很高兴，直夸奖容龄聪明，随手赏给容龄一件和送给内田夫人一样的绣花衣料，由容龄去找李连英随意挑选。慈禧随口说了句："这个日本女人别看她见人就鞠躬，肚子里尽是坏水。"

十、乐寿堂前的芭蕾舞会

慈禧曾说过要容龄等表演舞蹈，容龄确也琢磨过。遇到慈禧烦闷时，她就随便做几个芭蕾舞的动作给慈禧解闷。往往是德龄弹钢琴、容龄跳，容龄曾专门受过舞蹈方面的训练。有时是德龄和容龄两人跳交际舞给慈禧看。交际舞本应一男一女相互牵手搂腰翩翩起舞，在当时的中国这是不可能的，于是只好由容龄、德龄表演。虽然慈禧觉得某些舞段譬如华尔兹很好看，但终究对交际舞没有什么兴趣。她有时觉得芭蕾舞的某些动作很好看，要求容龄重复一遍，容龄就把这个动作重复跳二至三遍，所以容龄在清宫所跳的芭蕾舞只是几个简单动作的重复，已经不是在法国所学的正统的芭蕾舞。容龄还计划根据中国的传统舞蹈结合外国的芭蕾舞，自己编几个舞。

大约就在日俄战争的年月里，慈禧心里烦闷。有一天李连英对裕庚夫人说："老祖宗心里很烦闷，有什么办法可以使她快乐呢？"

裕庚夫人说："我也看出来老祖宗心里不像以前那样高兴，您陪她老人家出去溜达溜达，兴许会好一些。"

李连英说："五姑娘（容龄的小名）会舞蹈，让她给老祖宗跳几个舞看看吧！"

裕庚夫人就问容龄："你对中国的古典舞蹈研究得怎么样了？给老祖宗跳几个舞吧！"

容龄说："我已经编了几个舞，一个荷花仙子舞，一个扇子舞，一个如意舞，这是中国的古典舞蹈，穿插上西洋舞法。至于我在法国学过的纯粹的西洋芭蕾舞，我在这里没法演出，跳舞的服装我从法国带回来几件，可是没有音乐伴奏，还是跳不成。"

李连英说："外国音乐不成问题，袁世凯身边有个西洋乐队，可以把他们从天津叫来陪春。"

于是李连英就向慈禧禀奏，把袁世凯的乐队从天津调来，在颐和园里举办了一个小型的容龄舞蹈专场演出。容龄一共演出了三个节目：西班牙舞、中国如意舞、希腊古典舞。

袁世凯的西洋乐队一共有 20 人，所用乐器全是仿照外国的铜管乐器。乐队长是袁世凯花钱送到德国去专学音乐和作曲的留学生，回国后专门训练了袁世凯挑选出来的一班少年军官。这个西洋乐队能演奏不少西洋古典音乐，在当时是很有水平的。王府的福晋、格格都被请来观看舞蹈。慈禧太后的宝座被放在廊子中间，她有一张专用的檀香木椅子，她走到哪里，椅子就带到哪里。光绪皇帝坐在慈禧的身边，皇后和各王府的福晋、格格都站在两旁。容龄就在地毯上翩翩起舞。

第一个舞是西班牙舞。德龄充当报幕人，先向慈禧太后禀报了一下舞的名字及内容，然后容龄就跳将起来。容龄身穿黄缎子长裙子，披一块红色带穗子的披肩，头上戴两朵大红花。两手各拿一块西班牙舞板。这个舞节奏比较快，乐队伴奏也配合得好，看得出，舞蹈进行中间，大家精神很集中，看得动容。这是宫廷内部头一次演西方舞蹈，慈禧也满感兴趣。

第一个舞蹈跳完，德龄向慈禧禀报，第二个舞开始，跳的是中国如意舞。

容龄经过短暂的休息，已经换穿了大红蟒袍，梳两把头，手里拿着一个用纸胎蒙红缎子做成的假如意跳将起来。因为真如意太重，又不能装饰，无法当作道具，只能制作一个假如意，用来陪同舞蹈。容龄学过西方舞蹈，又悉心研究了中国的古典舞蹈，所以那个舞跳起来别有风味，看得出来，大家对这个舞是感兴趣的，它比《跳加官》等中国旧式舞蹈要吸引人。当如意舞快结束时，容龄正好来到慈禧面前，她轻轻跪下，把如意双手举起呈在慈禧的面前。李连英便来到容龄身边，把如意接过来递给慈禧。献如意本来是宫廷常有的事，大臣们用献如意表达忠心，太监们接过如意就直接拿到后面去。这一次慈禧太后高兴了，她亲自伸手从李连英手中接过如意，抚摸了一会儿，然后放在身旁的小桌上。

容龄叩头谢恩后又到后面换服装。德龄向太后禀报容龄要表演的第三个节目：希腊舞。西洋乐队奏起了音乐。容龄轻歌曼舞地跳起了希腊古典舞蹈，她舞姿轻盈，腰如柳枝，手如疾风，大家的眼神随着容龄的舞姿移动，都被吸引住了。容龄的专场演出就在这样一种欢乐的气氛中结束。

十一、学会日本舞蹈

"你怎么会跳那么好的舞蹈呢？"我问。

"我有很多难得的机会，使我成为中国第一个学会外国舞蹈的人。这也是缘分呀！"然后她娓娓地告诉我她学会舞蹈的过程。

1895 年，裕庚被清朝任命为驻日公使，容龄这年 12 岁，也随全家来到了日本。

日本是个历史文化悠久的国家，舞蹈之风尤盛。日本的歌舞伎女穿着和服款款地跳起日本舞时，真是迷人欲醉。在日本的饭庄、舞场里都有舞蹈表演。有一次日本朋友邀请裕庚一家到有名的红叶馆赴宴。红叶馆是东京的第一流饭庄，客人们用餐时，旁边就有古典舞蹈陪伴。容龄对满桌的山珍海味不感兴趣，眼睛却盯着载歌载舞的伎女不放，心想：什么时候我也能学会这些美妙的日本舞蹈呢？她不敢向父亲提出，她知道父亲一定不会同意她这高级满族官员的子女去学舞的。当时舞蹈还被视为"下三流"。

回家之后，容龄念念不忘学舞。有一次，她偶然向家中雇用的日本女佣吐露了心愿，并且情不自禁地学跳了起来。日本女佣见她那样执着地爱好舞蹈，就告诉容龄她本人就曾在红叶馆当过舞蹈伴奏（弹弦子），会跳日本舞。容龄高兴地将她一把抱住说："你教教我吧！"从此，两人协定由女佣教日本舞蹈。每当容龄父亲应酬外出时，容龄和女佣就溜进父亲宽敞的书房，以容龄的聪明，不几个月，就学会了好几个日本舞蹈。

有一天，日本宫内大臣土方先生的夫人来看望裕庚夫人，上过茶后，宾主双方在客厅寒暄聊天。土方夫人看见旁边站立的容龄美丽聪明，不禁对裕庚夫人说："小姐怎么不学学日本舞蹈呢？在我们日本，像这样年龄的姑娘都会跳舞了。"

裕庚夫人随口说："往后有机会让她学吧！"本来裕庚夫人只是敷衍地一说，不意容龄忽然接口说："我已经学会跳日本舞了，不信，我可以跳一个给你们看看。"说着装着一副跃跃欲试的样子。

裕庚夫人不由得大怒，她想：这孩子什么时候学会的日本舞呢？莫非是瞎说吧！正纳闷时，土方夫人却说话了：

"好呀！欢迎你跳一个日本舞给我们看看！"

容龄立刻扭身跑出了客厅。不一会儿，容龄以一个日本少女装束打扮出现在客人面前。她身穿日本少女的和服，后面跟着那个女佣为她伴奏。她跳的是《鹤龟舞》，这是一种日本古典扇子舞，难度较大。随着女佣弦子弹奏的声音，容龄一扭一拍地跳将起来，随手挥舞着扇子，她的眼神、节奏、表情都是日本式的。土方夫人不由得鼓起掌来，舞跳完后，土方夫人一把将容龄拉过来说："你真像一个日本姑娘了，你的舞跳得比许多日本姑娘还好！"

当着土方夫人的面，裕庚夫人不好发作。送走客人以后，她立刻大发脾气，狠狠地将容龄训斥了一顿，说她这个皇族官员的小姐怎么会学起日本舞蹈来呢？真是有辱门风。倒是裕庚思想开通一些，他说他经常出使外国，女儿学会一些外国舞蹈，也许还是有用的。既然日本大臣夫人都称赞她了，不如正式请个舞蹈教师，即使作为家庭娱乐，也是有益的吧！裕庚夫人也同意了。于是裕庚从红叶馆正式请了一位舞蹈家，从此，容龄开始了正规的日本舞蹈训练。

十二、拜在邓肯门下

1899 年，裕庚被任命为清政府驻法公使，于是容龄又随家人来到巴黎，这年她 16 岁。

巴黎是个世界闻名的大都市、欧洲文化艺术的摇篮。本来就爱好音乐舞蹈的容龄来到这里，更加爱上了西方的舞蹈。她和姐姐德龄经常随父母一起参加舞会或去剧场欣赏音乐舞蹈。那时风靡巴黎的现代舞和芭蕾舞使容龄眼界大开。正好那时美国舞蹈家伊莎多拉·邓肯正在巴黎演出现代舞。伊莎多拉·邓肯是现代舞的创始人，有人称她为"现代舞之母"。现代舞是一种自由派的舞蹈，它摆脱了古典芭蕾舞的程式和束缚，在表演上伴随着音乐演出，形式更加自由，舞姿优美、自然、流畅，有时腾空，有时旋转，以其特有的外部动作准确地表现角色的内心世界。这种表演具有极强的感染力。容龄爱上了现代舞，她很想跟随邓肯学习这种现代舞蹈。

事有凑巧。有一天，几位驻巴黎的公使夫人拜访裕庚夫人，闲谈中提起了伊莎多拉·邓肯。她们说邓肯在巴黎除了自己演出外，还办了个私人舞蹈学校。但学生很少，收入也少，经济上有些拮据，想多招学生，增加收入。她们看见容龄姊妹身材窈窕，相貌动人，就对裕庚夫人说："听说你的女儿很喜欢跳舞，现在有这样好的机会，为什么不跟邓肯去学习舞蹈呢?"裕庚夫人情不可却,就答应了。这正符合了容龄姊妹俩的心意。那时邓肯在巴黎租了一所不太昂贵的公寓做舞蹈学校。到了报名的那一天,裕庚夫人带了容龄姊妹来到舞蹈学校,已经有二三十个金发碧眼的女郎聚集在那里。邓肯看到两个中国姑娘也来报名学习,真是又惊讶、又高兴,因为她还从来没有教过中国学生跳舞呢!

容龄跟随邓肯学了两年,邓肯要为容龄安排演出的活动。她根据容龄的身段条件,将一个古希腊的神话编排成舞蹈让容龄主演。容龄接到这个任务,自然非常高兴,她在邓肯的指导下,一遍又一遍地排练这个舞蹈。当演出的日子到来时,容龄迈着轻盈优美的舞步在乐曲的伴奏下,从红丝绒的幕后跳向台前。她的舞蹈博得了观众的阵阵掌声。当容龄跳完最后一个动作回到后台时,邓肯也在那里等候着她。邓肯紧紧地拥抱了容龄,容龄激动得流下了喜悦的眼泪。

事情也是凑巧,那天裕庚夫妇接到了一张请柬,邀请他们去观看邓肯剧团的演出。当他们坐在柔软的包厢中观看着优美的演出时,忽然发现那个穿着古希腊服装的姑娘正是他们家娇小的"五姑娘",裕庚夫妇不由得惊呆了。按照大清朝的习俗规定,一个驻法公使的女儿怎能卖艺呢?这不是损害了堂堂满族大官员的尊严吗?如果有人把这种事传到老佛爷的耳朵里,再添油加醋渲染一番,岂不是连乌纱帽都保不住吗?裕庚夫妇愤怒之下,没等到演出结束就中途退场。等到容龄从剧院回家,不容分说,劈头盖脸就是一顿臭骂,当然再也不许容龄去学跳舞了。裕庚夫妇把容龄锁在里屋,每天只给一点面包和一点水。他们企图让容龄屈服在压力之下,这样一直关了一个星期。

十三、第一个学会芭蕾舞的中国女子

小容龄没有屈服,她拒绝吃那点面包和喝水,据理力争,声明她爱舞蹈、爱艺术，学习舞蹈是无罪的，舞蹈就是她的生命，她要坚持学习。父母毕竟是爱女儿的，在关闭了一个星期之后，他们释放了她，但不同意她继续学习现代舞。容龄就提出改学芭蕾舞，并且得到裕庚夫妇的同意。于是容龄就跟随法国国立歌剧院的名教授 Sanduini 学芭蕾舞，然后又进入法国巴黎音乐舞蹈学校深造。学跳芭蕾舞比跳现代舞要艰苦得多，容龄这个从小过着养尊处优生活的女子经过艰苦的训练，学会了跳《玫瑰与蝴蝶》《水仙女》《奥菲利亚》等西方舞蹈。1902 年，法国巴黎国立歌剧院的深红色厚绒帷幕徐徐拉开，在动人的乐曲声中，在到处盛开的玫瑰花丛中，一个象征着蝴蝶打扮的姑娘，两手牵动着鲜艳、薄如蝉翼的裙纱，在玫瑰花丛中翩翩起舞。当观众知道这个表演得非常娴熟动人的演员是个中国姑娘时，都感到惊奇，继而爆发出一阵阵暴风雨般的掌声。容龄作为第一个学会西方芭蕾舞并且把它介绍到中国来的使者，受到了人们的尊敬。可是如今这位文化使者却卧病在床，横遭诬蔑并且备受摧残。

十四、慈禧喜欢打人

我们小心地谈论着宫廷生活、慈禧太后，以及清朝的一切。容龄首先感到慈禧是个残暴、乖戾、很难与其相处的老妇人。你工作再好，她也会从你身上找出错儿来。有时慈禧仿佛非常慈祥，可是一转脸，就变得非常残暴。她随身有个黄布做的袋子，里面装着大小不同的各种竹鞭，这种竹鞭是专门用来责打太监和宫女的。无论慈禧走到哪里，这只黄袋子总是随身带到哪里。

容龄曾亲眼看见过慈禧打人。有一次太监们恶作剧，他们逮住一只乌鸦后在乌鸦的腿上绑了个爆竹，然后放上天去。半空中爆竹爆炸，乌鸦被炸得粉身碎骨，那声音也非常吓人。慈禧被这件事激怒了，她要将肇事的太监抓来当面重训。在人群中找到了放爆竹的太监，李连英让别的太监将他按倒在地上，又让两个太监各执一根竹鞭在他腿上重重地打，他自己数着数，一直数到100，才喊一声"停!"被打的太监一声也不吭，不知道他是被打死了还是打昏了？李连英跪在慈禧面前说由于他的疏忽，平时管教不严，才造成小太监敢这样胡闹，请太后惩罚他吧！慈禧说这不是李连英的过错，叫他起来，把这个犯错误的太监拉走。被打的太监已经一动也不动，被人们拉着他的双腿拖了出去，多半是死了。这件事使容龄看了不寒而栗，事后她很警惕，生怕将来做错了事也挨打。

容龄还看见过宫女挨打的事。一个宫女替慈禧拿袜子时，拿了两只两样的袜子。慈禧气不打一处来，就叫另外一个宫女替她掌颊打脸。那宫女打到一半的时候，慈禧又生气了，说你为什么不重重地打呢！你俩一定是好朋友，所以下不了狠心打。她又让被打的宫女打刚才打她的那个宫女的脸，两人互相对打了一阵。事过之后，容龄问这两个宫女："你们交换着挨打，是什么样的心情？"这两个宫女笑了，说："这算不了什么，这是常有的事，我们经常挨打，所以也就不放在心上。"

果然，慈禧打人是家常便饭，慢慢地容龄也就看惯了。

十五、卡尔画像

容龄为我讲了一个美国女画家为慈禧画像的故事。她说，这是从郎世宁以后第二个得以进入清朝宫廷的外国人，是美国公使康格夫人精心策划，也是慈禧媚外的必然结果。

1903年，康格夫人给慈禧写信推荐美国女画家卡尔女士为慈禧画像，画好了要拿到美国圣路易赛会去陈列，让西方人士瞻仰慈禧圣容。慈禧不知道画像是怎么回事，迟迟没有答复。后来她问了容龄母女，知道画像是件好事。容龄说在法国她们早就认识卡尔这位女画家，她们还是老朋友呢！而且卡尔是福卡尔的妹妹，福卡尔在中国海关做事已经好几年了。慈禧点了点头说："那就让她画吧！"

1904 年 7 月，卡尔在上海收到北京美国公使康格夫人的来信，说中国的外务部已正式发出文书，邀请她到北京给慈禧太后画像。约定 8 月 5 日进宫朝见。康格夫人说这是千载难逢的好机会，历史上外国人进入清朝宫廷的寥寥可数，你为了画画，可以了解很多情况，不要错过这个好机会。

8 月 5 日早晨 7 点，卡尔从城里的美国使馆起程进宫，慈禧住在颐和园，指定 10 点半接见，钦天监已经选定 11 点开始动笔画像。慈禧见到卡尔之后，习惯地向卡尔伸出了手，她知道西洋人要行握手礼，可是卡尔握住了她的手却亲吻了一下，这使慈禧吃了一惊，这是个什么礼呢！说了几句话，慈禧即起身更衣。卡尔环顾了一下宫殿，屋子面积不大，窗户的上方都糊上了高丽纸，屋子里光线不亮，只有门口那儿射进来一大块光线，可以搭架画像，但这又与慈禧的宝座离得太近，如果要画大像，又是不相宜的。卡尔正在犹豫时，只听得慈禧说：

"你们瞧我这一身衣服行吗？"

卡尔回头一看，慈禧已经更衣完毕。她身穿一件黄色大袍，上面绣着大朵紫色牡丹花，还缀着无数明珠，纽扣则是碧玉镶制成的。慈禧头部披着一块领巾，上面印了很多"寿"字，也有明珠碧玉缀着。慈禧的头上戴一挂缨子，漆黑的头发分成左右两边，一边戴个玉蝴蝶，一边戴着鲜花。她的手上戴着光彩照人的玉钏及玉护指，脚上穿着六寸厚底的鞋。

"老祖宗吉祥！"大家异口同声说着。

太监已为慈禧端来了宝座，根据卡尔的指点放下，慈禧坐了下来，这时已快 11 点了。卡尔拿起了画笔，心里有点恐慌，光线既不好，地方又极狭窄，慈禧这老妇人又目光咄咄地逼视着她，她的手不由得颤抖起来。一阵白鸣钟大响起来，11 点到了。在"叮当"声中，卡尔镇静下来，她拿了一段榉炭，很快地，一个慈禧的头部素描已经勾画出来。

慈禧有些等不及，她从宝座上走了下来，来到画架面前，歪着头看了一阵说：

"怎么我成了这个样儿？"

卡尔向她解释这是画像的第一步，素描只是横七竖八地画个轮廓，正式画，还要画些日子呢！

慈禧为卡尔安排了卧室，就在乐寿堂的左侧，这样她可以留一个外国人在身边，多了解一些外国的事情，这也合乎卡尔的心愿，她可以有机会亲眼目睹东方这个古老国家的统治者怎样生活。

第二天上午，卡尔又继续为慈禧画像。慈禧仍旧穿上第一天画像时穿的衣着，她握着卡尔的手说：

"卡姑娘，你看今天我的相貌适合画像吗？"

卡尔因为康格夫人已向她打过招呼，知道该怎样回答这类问题。她说：

"太后今天神容最好，最适合画像了。"

慈禧登上了宝座，卡尔就昨天画的头部，细为点缀起来，分出阴阳面稍加润色。这时慈禧不断与旁边的宫女太监谈笑着，有时啜茗，有时吸烟。画了不到一小时，慈禧就坐不住了，她从宝座上下来，来到画像前观察。

"我的脸怎么黑一块白一块的？"

卡尔说："这是画像时必须有的，等到画完就好看了。"

慈禧不再说什么，于是提出是不是可以找一个人替她坐在那里，她可以站在卡尔旁边看她作画，她对画像是很感兴趣的。卡尔说，可以找个替身，穿着慈禧的衣服坐在那里，画身子时可以这样做，但画脸部就必须真人了。

替身是由容龄来担任的。容龄穿着慈禧的衣服坐在那里供卡尔画。关于脸部问题，容龄建议照几张相片代替，画家可以把相片画进画里。这是个好主意，可是谁来替慈禧照相呢？德龄和容龄不会，又不能找外边的人。裕庚夫人说："奴才的儿子勋龄会照相。"勋龄到过法国，会照相。慈禧说：

"明天就让他进来照相吧！照出来好让卡尔姑娘照着画。"

慈禧还问了问勋龄在做什么事，听说勋龄没有事做，就派他在电灯处工作。

过了一天，勋龄带着照相机给慈禧照相，对距离的时候他必须跪着，但跪着又够不上距离。李连英就给勋龄搬来一只凳子，让勋龄跪在凳子上对距离，这样难度就更大了。慈禧看出勋龄为难之处，就说：

"让他免跪吧！"

勋龄叩头谢恩，站起来照相。勋龄是个大近视眼，在慈禧面前却不准戴眼镜，因为眼镜反光，慈禧总觉得要摄出人的灵魂似的。可是不戴眼镜，勋龄就无法为慈禧对光，慈禧也破例允许他戴着眼镜照相。

等到照片洗出来后，慈禧放心了。确实和她本人一模一样。"西洋的玩意儿就是好！"为了弄清照相的奥妙，慈禧要亲自看一下照相机，她让一个太监站在照相机前面，她自己从镜头里望出去，不由得喊出来：

"为什么你的头在下面？你现在是头站着还是脚站着？"

勋龄等人做了明确的解答，慈禧觉得很高兴。她让容龄站着，她从镜头里看容龄；她又让容龄从镜头里看她。

慈禧还想了解相片是怎样洗出来的，她要看看暗室。勋龄等人向她解释屋子太黑，恐太后不方便。慈禧说："不要紧的，不管是怎样的房子，我要去看看。"于是大家挽着慈禧进了暗室，还为慈禧搬了张椅子坐下。慈禧看到她自己的像在药水里显出来了，很高兴。勋龄把底片放在红光面前，让她看得清楚一些。

后来慈禧专让勋龄为她照相，她已经对照相发生了兴趣，现在流传在外的有关慈禧的那些照片，都是勋龄照的。勋龄堪称我国第一个摄影家。

每天上午卡尔给慈禧画像，容龄当她的替身，慈禧有时来看看，有时也就不来了。下午卡尔有时也画一阵。慈禧常常找卡尔聊天，打听西方国家的情况，主要是礼仪方面。其间充当翻译的是德龄和容龄。慈禧似乎离不开这个美国女人了，连她要进城祭祖三天，住在西苑（中南海），也要把卡尔带去。三天祭祀很快过去，慈禧又回到了颐和园，卡尔也继续画她的像。但是进度很慢，每天只能画一个多小时。慈禧常和她聊天，有时要她弹钢琴，容龄随着琴声跳起芭蕾舞。卡尔有些着急，康格夫人则劝她不要着急，陪着太后聊天吧！康格夫人不断了解她们两人的谈话内容。每天卡尔都是慈禧进餐时的陪客，慈禧破例赐她个座。当然容龄也赐了座，为了当翻译方便。

1904 年中秋节时，卡尔画完了慈禧像。慈禧看了提出她脸上的黑影要清些，她的脸不应该是黑的。卡尔对她讲画画的阴阳面原理，慈禧也不懂，偏要改。康格夫人对卡尔说就画得白一些吧，她没有办法，只好画得白一点。心里实在不高兴。

十六、慈禧是怎样美容的？

几乎与慈禧画像一样使人感兴趣的就是慈禧美容的故事。

一个女人化妆第一步就是敷粉。慈禧用的粉与普通粉的制法不同。它用新上市的白米，再加上些颜色微发紫的陈米，这样磨出的粉特别细软。磨制的过程也非常仔细，将新米和陈米拣净之后，再用大小不同的磨子磨研五六次，磨了筛，筛了又磨，一丝不苟。这两种粉研制以后，再按一定比例配制，色泽才好看。然后加铅。加铅也要有比例，否则皮肤会中铅毒。慈禧敷粉时只是薄薄地敷上一层。

敷完粉后，就该抹胭脂了。慈禧用的胭脂纯粹用玫瑰花的汁液制成。宫中单有几个太监在筐中专心致志地拣摘颜色一样的玫瑰花瓣，为了做胭脂用。拣了相当数量之后，放在一个洁净的石臼里慢慢地舂到花瓣变成厚浆为止。接着用细纱制成的滤器滤去一切杂质，成为最明净的花汁。再用当年新缫成的蚕丝，按照胭脂缸的口径压成一块块月饼形状的棉饼，浸在花汁中，浸上五六天，棉饼浸透了，再放到太阳光下晒三四天，成为胭脂饼，就可以搽脸用了。

敷粉、搽胭脂之后，慈禧就要梳头了。

梳头是一件难度很大的事，因为慈禧不许太监梳下一根头发来。慈禧如果发现了，一生气就要把太监拖出去责打数十大板，打完后还要让他继续梳头。有经验的太监即使梳下一两根头发，轻轻地揉在手心里，不让慈禧发觉，然后悄悄地递给贴近他的宫女，让宫女帮他扔掉，事后再送些财物给宫女。

慈禧最伤脑筋的是发现她的头发一根根地变成灰白了。她的梳妆台抽屉内有一种染发膏，她自己慢慢地涂在头发上，让太监梳着，头发果然变黑了，但头皮也染黑了。

"我一直想找一种既不损伤头发也不致污染头皮的染发药，然而至今没有找到，也许今后永远找不到。"慈禧有一次和德龄、容龄这样感叹地说着。

这时容龄想起她们在法国见过一种染发药有上述功效，就回答说：

"奴才倒可以给太后找到这样一种染发药！"

德龄、容龄就把在法国所见到的染发药告诉了慈禧。

"那就去法国买这种药水吧！"

德龄、容龄姊妹让裕庚发电报到巴黎，托那儿的朋友为慈禧选购几种最好的染发药寄来，裕庚自然照办。但他托人捎口信给德龄、容龄姊妹说，你们既然已经和慈禧太后说了，那就只好这样办。但如果这种药寄来后试用，效果不好，伤了慈禧的头发，那就有杀头之罪，到时候我也帮不了你们的忙。今后千万不能逞能多事，不要多说话，万事都要小心。裕庚的话使容龄姊妹捏了一把汗，提心吊胆地过了好一阵日子。

40多天后，巴黎的染发药如期寄来了。容龄姊妹捧着那只花花绿绿装潢十分讲究的盒子赶紧给慈禧看，并且把说明书翻译给她听。慈禧也高兴地要试试。她要容龄姊妹把她的头发洗干净，再晾干，好搽药水，洗时把已经染黑的头皮也洗干净。容龄她们战战兢兢地为慈禧洗了头，等到容龄她们把法国药水的盖子打开时，她们全愣住了。因为这是一瓶清得像白水一样的药水，丝毫黑气都没有，就凭这瓶药水能把慈禧的白发染黑吗？她们不知道。她们试着用小刷子一遍遍地往慈禧头上刷药水，心里忐忑不安。药水抹上后不会马上见效，容龄她们非常心焦。等了一会儿，慈禧来到梳妆台前照了照镜子，发现她的头发虽未变黑，却已由白转灰了，而她的头皮却洁白如故。

慈禧赞不绝口。到晚上，容龄她们又为她抹第二遍药水，到第二天早上，慈禧的头发已经完全像年轻人的一样乌黑了，而她的头皮仍然是洁白的。

染发的问题解决了。慈禧还非常注意怎样不使脸上露出皱纹。这是晚上的事了。用过晚膳之后，她一面召集身边的人聊天，一面让宫女在她脸上有皱纹的地方搽鸡蛋清，到上床睡觉前的半小时或 40 分钟，她才用肥皂洗掉那些鸡蛋清。

慈禧用的肥皂是自制的。她用玫瑰花或茉莉花的汁，调上几种不知名的油类，再冻成一块块花式不同的肥皂。这些肥皂香味很浓，容龄等曾进贡过一些法国香皂，慈禧也很喜欢，只是觉得不如中国的茉莉花香。

每天早晨，慈禧一下床，便有太监捧着一个盛着含有花露的油脂小盂恭恭敬敬地走上前跪下请慈禧涂用。油脂比较稀薄，花露大半也是茉莉花的，很香。慈禧用手指从盂中轻轻挑起少许涂在掌上，让它自己溶化了。然后小心地涂在自己脸上，慢慢地让油脂涂满了脸颊的全部。这样再静静等上十来分钟后，太监又递上一把热手巾，慈禧接过柔软的手巾把脸上的油连同头天晚上搽的花液一起抹掉，这时脸显得特别娇嫩，接着她便要敷粉和搽胭脂了。一天的美容过程就是这样的。

慈禧除了用这种油脂搽脸外，也用来搽手，不过这就让其他女官代劳，她不自己搽了。女官们也是先挑起一块油脂搁在手掌里等它溶化后，然后小心地搽在慈禧的手上。隔了一会儿，再用热手巾轻轻地拍打，直到拍打得又干又净为止。她常洗手，洗完后也是由宫女用手巾为她拍打干净。慈禧的手白腻柔嫩，如果不看她的脸部，分不出这双手是老年人的还是年轻人的。慈禧洗澡时全身裸露，也是白嫩无比，滑凝如脂，完全是一个妙龄少女的躯体。浴后她也让宫女为她拍干，然后浑身搽上耐冬花露。慈禧所以保持白嫩的皮肤，恐怕得力于搽抹耐冬花露和这种油脂。

慈禧还有几种美容方法。一种是每隔十天左右服一次珍珠粉末。珍珠必须是一种晶莹圆润、价值连城的珍珠，研成粉末后，由一个太监在指定时间用黄绢托着银匙，献到慈禧面前，慈禧便吞下，随手就有太监递上温茶，她喝几口茶把珠粉咽下。慈禧认为喝珠粉，可以保持皮肤的柔滑光嫩。

慈禧的梳妆台上还常放着一根三寸长的玉棍，两头有金子镶柄。每天早晨，她常拿这根玉棍在自己脸上或上或下地滚动着。因为玉棍寒冷光滑，会促使皮肤柔嫩，慈禧常常拿玉棍在自己脸上滚动一会儿，就往镜子里细心地瞧自己的皮肤，仿佛这个简单的动作，已使她的皮肤发生了变化。

慈禧认为保留她即将逝去的美色的另一重要方法就是喝人奶，她每天总要喝大半碗妇人的乳汁。宫里既没有人生孩子，又不曾养着未离哺乳期的婴儿，每天哪里去弄这些人奶呢？那就是雇乳母。宫里专门挑选一些相貌姣好、身体健壮、注意清洁卫生、刚生育不久的少年妇人，往往要雇两三个乳母，每天早晨轮流挤奶给慈禧喝。为了保证奶质，乳母饮食都很好，早晨有一名女官监督乳母们挤奶。

十七、慈禧过生日

有一个日子不是节日，但是比过节还要热闹，那便是慈禧的生日。

十月初十是慈禧的生日，在这个日子的前三天后四天里，要演七天戏。

每逢慈禧生日，各省督抚和王公大臣都要进贡，贡些绣花袍料、古玩、字画和外国玩意儿。慈禧喜欢外国玩意儿，如外国钟表、外国瓷器、外国玻璃大吊灯等，大臣们就贡这些外国货色。袁世凯就进贡过一对带弹簧链的手表。有一次裕庚进贡了一对从法国带来的双层透亮的茶碗，每层只有鸡蛋壳那样薄。慈禧很喜欢，便对李连英说："你把这对茶碗留在殿里使用。"过了两天，李连英找了裕庚夫人悄悄地问："裕大太太，这样的茶碗你还有没有？"

裕庚夫人说：“你问这干什么？难道你也想要吗？”

李连英说：“如果有，请你也给我一对。我想留一对作后备用，万一将来有个糊涂人失手摔了茶杯，我也好补救。”

李连英的话很灵活，好像是为了公用做准备，实际上还是为他自己攒私货。裕庚夫人只好送了他一对。

慈禧的生日要庆祝七天，头两天大家穿便服，生日的前一天，人们便换上一些花卉衣服，到晚饭前，一律换上蟒袍到颐乐殿陪慈禧吃饭，光绪皇帝也是这样。

到慈禧生日这天，大家都忙着为她祝寿。6点多钟人们就起床，姑娘们穿上蟒袍，戴朝珠，头上挂上两个大红穗子；福晋们都穿蟒袍和褂子，头上戴垫子；皇后在褂子外面再戴上一个金项圈，上面缀着一条绣花的黄缎子飘带，还戴三对朝珠。8点多钟，皇后、福晋、格格们来向慈禧请安。慈禧穿黄蟒袍、梳两把头，不戴垫子，乘坐轿子到仁寿殿接受王公大臣的祝贺。光绪皇帝穿着蟒袍褂子，戴朝帽和三副朝珠率领王公大臣在仁寿殿的院子里等着。慈禧一到，光绪帝就领班跪接。慈禧进殿，光绪帝进殿行礼，王公大臣们则在院子里行礼。

慈禧在仁寿殿接受百官祝贺后回到乐寿堂。皇后领着女官们又行三跪九叩礼。行完礼后大家依次向慈禧递交如意，先由太监递交每个人一枚如意，从皇后开始，跪交给慈禧。递交时，如意头在左手，尾在右手，如意的穗子拿在右手，这样拿法是倒拿，递交上去时，慈禧接着，如意头正是正手。皇后上去递如意时，离宝座不远，要先跪右腿，后跪左腿，双手举起如意齐额，这时站在慈禧旁边的李连英和崔玉贵就上去接过如意，交给小太监，皇后站起退下，下一个人就依次上来跪下举如意。这是一个敬祝慈禧万事如意的仪式，大家都很重视。行完礼后，慈禧便换上便服到颐乐殿听戏。在这几天里，光绪帝每天都陪着慈禧吃饭，吃过饭他便走开，很少听戏。

十八、俄国大马戏团进宫演出

容龄说，除了节日和慈禧生日使人繁忙又使人愉快外，最令人难忘的是大家终于有机会在宫里观看马戏演出。

这一年9月，有一个俄国的马戏团来到北京。当我们谈论起马戏团时，慈禧听见了，便问什么叫马戏，大家向她解释马戏是种好玩的娱乐时，慈禧便说："让他们演一次吧！"

裕庚夫人说颐和园地方宽敞，演马戏最合适。演马戏要搭广棚，动物的饲养也要准备好地方。这需要大约两天的时间准备。不少御史上书奏本，希望不要在宫中演出马戏，宫中从没有这样的先例，请太后取消演出计划。

慈禧愤怒了，她说："我还有多少权力？我连看一堂马戏都要受人制约。我还能干什么？"她想了一想，又说，"帐篷已经搭好了，索性演一场吧！反正他们总是要说话的，让他们说去吧！"

马戏在一些人的阻挠下演出了。慈禧看得很高兴，这种娱乐是平时很少见到的。有一个节目是一个幼女站在滚圆的大球上跳舞，慈禧看得很满意，让这个孩子重演了好几次。还有秋千，表演者要荡得很高，慈禧担心他们掉下来。至于滑背马术，慈禧也很感兴趣。当狮、虎要进场表演时，慈禧忽然提出狮、虎等进场演出，是很危险的，她宁肯不看，也不要让动物进场。于是演技者就只带一只小象进场表演了几个聪明有趣的动作，这引起了慈禧的兴趣，慈禧问："这只象几岁了？它怎么会表演这些动作？"演技者见慈禧高兴，就说："小象见了太后，就变得聪明了。"还乘机提出把小象送给慈禧作为礼物，慈禧高兴地接受了。可是当演技者离开后，我们要让这只小象表演节目，它再也不演了。我们只好把小象放在宫中原有的象房内和其他象一起饲养。

马戏团在宫中一连表演了三场。当第三次演出时，马戏团主人提出很想让狮、虎表演一次，他保证绝对没有危险。德龄和容龄同慈禧商量，转达了马戏团主人的意见，慈禧终于同意了，但千叮万嘱说不能让狮、虎出笼。

狮、虎进场时，几乎所有的太监都跑过来围住慈禧，露出惊慌的脸色。慈禧叫他们走开，说：

"我不怕，我只是怕它们伤了别人。"

演出结束后，慈禧赏给马戏团一万两银子，马戏团高兴地离开了颐和园。

马戏团演出以后，有两天的时间，大家还在整日谈论演出情况。慈禧不让人们谈论，她说："咳！我原以为这是一种怎样奇妙的表演，其实也不过如此而已！"

十九、可怜的光绪皇帝

在我们的谈话中，常常要提到那个命运多舛的光绪皇帝。容龄含有深情地谈论起他，毕竟他们在一起生活过三年，是了解他的。

"我第一次看见他，是在我第一次进宫的时候。他身穿米色袍子，黑缎靴子，腰中系一条蓝色丝带，带扣上嵌着翡翠和宝石，神色很忧郁。慈禧对我和母亲、姐姐说：'这是皇上，你们来见见。'

"我们向他行了礼，他只是淡淡地笑了一下，没有说什么。

"就在那一天，正在说话的我们被通知到德和园颐乐殿去看戏。中午休息时，台上还在演戏，我们就到后院和小太监闲谈。小太监为我们端来了茶和饽饽。这时光绪皇帝走了过来，他知道我从外国回来，就掏出一块嵌珠很精致的怀表，时针正指着一点三刻，他问我：

'英国话一点三刻怎么说？'

"我笑着很随便地对他说：'英国话不是说一点三刻，而是说两点差一刻。'

"光绪皇帝笑了笑说：'这样的英国话倒是好说，我看你是很顽皮的。'

"我说：'是的，奴才在家里向来淘气。'

"光绪皇帝便笑着向旁边的太监说：'好，我们以后就管她叫小淘气吧！'

"我就向光绪帝请安说：'万岁爷赏奴才这个名字，奴才谢恩了！'

"也许就是这第一次接触使他对我有了好印象，以后他同我接触就多起来了。

"光绪皇帝是个性情孤僻的人，这与他在戊戌变法失败后长期被囚禁有关。他不能亲理朝政，完全是个傀儡，每天只是读书写字。但他人很聪明，他喜欢机械，能够自己拆开一只钟表，然后又完好地装上。他也喜欢摄影，每当勋龄照相的时候，他总爱在旁边仔细地看着。

"他喜欢音乐。有时让我教他弹钢琴，也教拉手提琴。他常向我打听西方国家的情况。他听的时候很认真，不时搓着双手，露出着急的样子。

"他比较喜欢接近我，有时和我说话时叫我的小名'老五'。有一次慈禧过生日时，格格和女官们都忙着做新衣服。这时已入初冬，天渐渐冷起来了，人们已经穿上小毛皮袄了。有一天光绪皇帝对我说：'这几天够冷的。'我就顺口说：'可不是吗？这几天真冷，小毛皮袄已经不管事了。'光绪皇帝就决定大家可以换穿大毛皮袄。皇帝金口玉言，说了话算数，大家果然照办了。但是10月的天气忽冷忽热，到了初十这一天，大家又觉得穿大毛皮袄热了，那天光绪皇帝见了我就对我说：

'老五，今天怎么这样热啊！'我说：'奴才倒不觉得热。'光绪皇帝说：'你怎么不觉得热呢？'我说：'奴才没有穿大毛皮袄，穿的老祖宗赏赐的灰鼠皮袄。'光绪皇帝笑了笑说：'怪不得你不热，你是外面光了。'他喜欢和我开玩笑。

"光绪皇帝还为我解围，解决了一个使我非常苦恼的问题。清廷有个驻英公使的秘书，也是一位王公贵族的子弟看上了我，他托驻英公使向我父亲求婚，那位驻英公使是位亲王，他张开嘴，我父亲不敢不答应，就同意了。那时婚姻都由父母做主，不能违拗，我觉得非常苦恼。正好光绪皇帝看见了我愁眉不展、心事重重的样子，就问我为什么不高兴。我灵机一动，就立即叩头说：'请万岁爷为奴才做主。'光绪皇帝奇怪地问：'你有什么为难的事吗？'我就把亲王提亲的事一说。光绪皇帝问：'你愿意不愿意呢？'我说：'不愿意。'光绪皇帝听了一笑说：'既然不愿意，就算了嘛！'皇帝的一声'算了'，便是不可违抗的圣旨。那位亲王就不再来纠缠，这桩亲事也就算拉倒。

"终于发生了一件使我提心吊胆的事。光绪皇帝身边有一个姓孙的贴身太监，大家都叫他'孙子'，'孙子'忠心耿耿地为光绪办事。有一天'孙子'来到我的房间里，看见旁边没有人，就掏出一只表给我看，表蒙子上有一个朱笔写的字，他指着这个字和我说：'万岁爷叫我问你知道不知道这个人在哪里？'我拿着表看了半天，可能这个字写得草率，我不认识。我便说：'很对不住，我不认识这是个什么字。''孙子'笑着轻轻对我说：'五姑娘，这是一个康字！'我这才明白过来，这指的是康有为。这可吓了我一大跳。我便告诉他：'我实在不知道他在哪里，我可以问问我的母亲。''孙子'说：'五姑娘，算了吧！您可别问裕大太太了，万岁爷说，这件事只能让您知道，千万不能让任何人知道。'说完他便走了。后来，'孙子'还拿了几本书找我，传达了光绪皇帝的旨意，他见我不认识汉字，鼓励我多读书，多认字，我谢了恩。"

二十、袁世凯

袁世凯是光绪皇帝的敌人。如果没有这个人的投机告密，光绪皇帝怎么会变成像具僵尸一样的政治犯呢？

"袁世凯是可怕的人物！"容龄对我说。她因为随侍着慈禧，有机会看到袁世凯。此前，裕庚向她嘱咐过袁世凯诡秘多诈。

"别看袁世凯是个军人，可他老谋深算，胸有城府，他摸透了慈禧的脾气，很会逢迎，讨慈禧的喜欢。"容龄随口为我讲了个袁世凯逢迎慈禧的故事。

慈禧常要底下的人为她进贡礼物，袁世凯送给她一对会说话的鹦鹉。

在一次朝见的时候，袁世凯跪下说："奴才特地打发人从印度那儿买来一对会说话的鹦鹉，又蓄养了些日子，献给太后，供太后赏玩。一来让太后解闷，二来也献出奴才一片孝心。"

他说着，一挥手，他的亲随就捧来了一对羽毛分红绿两色的鹦鹉，它们不用笼子装着，只在脚上扣着一条绝细的镀金短链，并肩栖息在一枝老树丫杈的树枝上。在树枝的两端，各有一个白玉琢就的鸟食罐，分装着清水和粮食。这显得很别致，有别于慈禧现已饲养着的鹦鹉。看来袁世凯知道慈禧有饲养鹦鹉的嗜好，甚至也知道她已经养了几只鹦鹉。

慈禧让李连英接过这一对鹦鹉，捧得离她两三尺远近的地方，她侧着头看这一对鹦鹉，似乎要看出它们有哪些与众不同的地方。

那两头鹦鹉中的一只突然用极清脆的音调高叫起来：

"老佛爷吉祥如意！"

那声音咬字正确，犹如一个小孩子在说话。大家不由得都惊呆了，正在惊奇不止的时候，那另一只鹦鹉也说话了：

"老佛爷平安！"

声音也一样地清脆。看得出袁世凯为调教这一对鸟花费了不少工夫。尽管慈禧也养过鹦鹉，也有会说话的，都没有这一对鹦鹉说得这样清楚，这样讨人喜欢。

二十一、容龄母女出宫

"我估计可能还是因为光绪皇帝的关系惹下的祸，不久我们母女便被通知不被录用，出宫回家。我们住在宫里，虽然自由自在，尤其刚进宫时，还没有宫内旗式服装，慈禧太后恩准我们可以穿着西式服装，手提两边裙褶，在园内走路，成为一时奇观。但我们的一举一动还是有人监视着，大概李连英就是干这种监视的事的。'孙子''问康'的事也保不定被奏上去。加上光绪皇帝也可能问过德龄姐姐，德龄言行不如我谨慎，她和光绪皇帝接近过多，也可能引起了慈禧的注意，所以后来决定开缺我们。

"还有个说法，是我们姐妹俩过于放任，和宫中死板的生活方式不相容，所以在住了一定时期以后，也引起慈禧的反感，我们母女三人被通知回家，不再录用。我多住了一年。

"公开的理由是比较体面的。父亲在驻法期间两腿受寒得了风湿病，任满回国曾在上海治疗过，略有好转。1903 年，我们全家回到北京，我父亲被任命为太仆寺卿。1904 年我父亲旧病复发，于旧历九月初三就请假不干了。1907 年冬，父亲的病势加重，慈禧就通知我们回家侍奉父亲的病，还说了句：'等裕庚病好后，你们还回来。'1908 年父亲病故在上海，我们也没有回宫。

"1908 年，光绪皇帝和慈禧先后去世。

"关于光绪皇帝的死因是个值得研究的问题。光绪心情不好，身体有好些疾病，据后来公布的病历档案说，他得了很多不治之症。似乎病死是很自然的事。但恰恰死在慈禧病死的前一天，这很奇怪。慈禧和光绪不和是众所周知的事，袁世凯和李连英又关系密切。就在光绪临死前的一天，有人看见他还在宫里走来走去，不像是马上要死的样子。那一天慈禧忽然差李连英给光绪皇帝送一碗薏仁粥去，说是补虚的，光绪不敢不喝，喝完就死了。光绪之死永远是个谜。"

二十二、第一个公开教授交际舞的中国女子

慈禧病死的时候，容龄母女已经出宫。德龄后来在上海住了些日子，她结识了美国驻沪领事馆的副领事 White，两人结了婚。White 回到美国改做新闻记者，德龄就以写作为生，曾写过《御香缥缈录》、《瀛台泣血记》等书籍。容龄指出其中虚构的地方甚多，材料不够真实，歪曲了事实。德龄后来和 White 离婚，遗有一子，也病死。1944 年 11 月 22 日，德龄在美国因车祸身亡。

1912 年，容龄与唐宝潮结婚。他们已经相爱多年，因为宫中的生活无法结婚。婚后唐宝潮在北洋政府军事部门供职，裕容龄 1916 年任北京总统府女礼官，直到 1928 年政府南迁始卸职。

容龄的善于跳舞已经是社会上众所周知的了。20 世纪 20 年代初，她灵机一动：何不乘大家都在注意西方生活的时候，教教大家跳交际舞呢？这是既有益于身体也是一种与世界合拍的活动。

当时北京饭店已经开张，这座五层大楼成为北京社交的一个重要场所。华灯初上，军政要人、文化界人士、清末贵族都来这里聚会。已有人开始跳起双人交际舞。容龄注意到这是介绍西方文化的好机会，她提出在北京饭店大厅教授交际舞，出售门票，每张门票大洋一元。唐宝潮

作为她的舞伴，有时她另请舞伴。除了教些简单的三、四步舞外，有时还表演华尔兹、伦巴等舞蹈。很多人买票是来看跳舞，少数人亲身试跳。那时尚没有正规乐队，主要是放留声机伴奏。当时喜欢跳舞的人有张学良将军、清朝末代皇帝的弟弟爱新觉罗·溥杰、曾任北洋政府代总理的朱启钤的儿女等人。门票收入与她后来举办报告会的门票收入一起用于教育事业。容龄曾经协助有关人士举办过儿童夜校，帮助贫苦人家的子女学习文化。

二十三、第一个涉足服装设计事业的中国女子

也是 20 世纪 20 年代，朱启钤的三小姐朱淞筠找到裕容龄商议，现在西方的女子服装已经在中国流行起来，何不开设个女子服装研究社，以适应社会需要呢？这是社交的需要、生活的需要，也是中国国情的需要。那时裕容龄以"唐宝潮夫人"的身份经常出现在各种社交活动中，报纸也经常报道"唐宝潮夫人"的各种活动。所以以"唐宝潮夫人"的名义来组织这种服装设计活动无疑是最适宜不过的了。容龄和朱三小姐是亲密无间的朋友，她常到朱家去看望朱氏诸儿女，与朱五小姐（湄筠）、朱六小姐（洛筠）也是好朋友，这种切合实际的建议怎能不使容龄怦然心动呢？

容龄有几年宫中生活的经验，她以为旗袍是最适合中国妇女的服装，经过刺绣加工以后，雍容华贵，落落大方，旗袍的身段与中国妇女的身材体型也最相称，只是满族宫廷中的旗袍有些拘束人的地方，需要加以改革才能适合广大妇女的需要。裕容龄在法国生活过，她觉得西方妇女的服装移到中国来，也需要加以改革才能推广，因为中国妇女的身材一般没有西方妇女高大，体型也不同。朱三小姐的建议使容龄毅然办起了中国第一个"家庭刺绣女子服装研究社"，地点就设在北京西绒线

胡同。容龄自己设计了服装、自己制作了时装穿在身上走来走去让人观看，她是中国第一个新式的服装设计师，也是第一个时装模特儿。只是由于资金有限，当时服装改革尚处初期，她没有很多利润收入，这个服装研究社只存在了很短时间就夭折了。

二十四、第一个举办报告会以卖票作为收入的中国女子

1919 年以前，北京警察局内左一区署署员邓宇安，为了帮助无力上学的贫苦儿童读书，在泡子河吕公堂、大雅宝胡同清泰寺、苏州胡同三元庵以及新开路北极阁四个地方办起了贫儿半日学校，组织失学儿童上学。免费发给学生书籍笔墨，教员都由警察中的知识分子担任，经费主要向内左一区界内的富商等募捐收集。

当时容龄因在宫内生活过三年，又懂外语，在社会上颇有名气。邓宇安请她向外侨作次报告，介绍清末宫内情况。报告会在灯市口中华基督教会礼堂举行，门票每张一元，票价作为贫儿半日学校的经费。

1921 年秋季的一天晚上，灯市口中华基督教会礼堂内灯火辉煌，门前车水马龙，很多中外来宾在内一左署的韩署员引导下步入会场。开会前，先由韩署员向在座来宾介绍唐宝潮夫人的简单经历，然后请唐宝潮夫人入场。这时容龄慢慢登上讲台，她身穿一件粉红色镶着金边的旗袍，袍面上绣着金龙，龙头上嵌着珍珠。她还梳着旗头鬏儿（满族四五十岁妇女的普通发型），头上插着金玉头饰，挂上金耳环，面敷薄粉，涂着红唇，足穿薄底绣花鞋，当她缓步登上讲台时，活脱脱一个东方美人，而且是位清廷宫眷，使得满座的中外来宾屏息静气，眼睛一动也不动地看着她。很多人是认得容龄的，当她穿着西服高跟鞋时，俨然是位典型的西方女士，现在当她以东方妇女的姿态出现时，他们不能不惊呆了。

　　容龄用英语开始讲演。她说：“我现在已是个老太太了，可我穿戴的还是 20 年前西太后赏赐给我的衣物。因为今天我要讲的题目是‘清宫的生活状况’，我要穿上这样的衣服，使我讲的时候，心情好像又回到了当年，也让大家听了有回到了清朝时代的感觉。”接着她就讲起了为慈禧太后当女官的情况，宫廷生活以及清朝的典章制度。她从容不迫，娓娓道来，听众不时发出欢笑声。

　　容龄的报告是用英语进行的，讲到有些地方很吃力。例如讲到慈禧太后每天吃饭时摆满了山珍海味，荤素甜辣酸咸各种味道都有。有的菜如樱桃肉山药、三鲜鸭子、卤煮豆腐、羊肉片焖垯丝等都要很费脑筋才能琢磨出个比较标准、能够使人听懂的语词。

　　容龄做报告有来有往，她讲完后听众可以提问题，由她来解答，大概她在西方学习听课时就是这样的。有一个外国妇女问她：“清朝朝野都梳着辫子，这样是不是觉得不方便呢？”

　　容龄回答说：“这是中国北方民族的风俗习惯，因为他们居住在塞北高寒之地，为保护头部，才有这种习惯。”

　　有一位外国人问：“中国人的礼节是请安叩头，这是世界上任何国家都没有的礼节，这算不算一种好的礼节呢？”

　　容龄笑着说：“中国的请安叩头，比外国的握手接吻要卫生得多。”她诙谐的回答引起了听众哄堂大笑。

　　又有一个外国人问：“中国历来讲仁慈，可是宫中为什么要使用那么多的太监？难道不知道对太监施行手术是极不人道的吗？”

　　这个问题使容龄一时很尴尬。她想了想说，“这是中国长期以来的宫中制度。因为宫中有很多体力劳动的事情需要男人去干，所以太监数量比较多。至于施行手术是为了出入宫廷方便，可以防止产生弊端”。

　　容龄讲了大约两个小时，未免有些疲乏了。可是听的人毫无倦意，还有人不时提出问题。这叫韩署员就向大家解释："今天时间已晚，唐夫人身体不太好，改天再请唐夫人向大家做更详细的演讲吧！"

容龄做这样的报告有好几次，都是卖门票收费的，开创了做报告卖门票作为收入的先河。

二十五、容龄当上了新中国的中央文史馆馆员

1935 年，容龄因为熟悉礼仪的缘故，被冀察政务委员会聘为专职接待外宾的交际员。七七事变以后，时局变迁，赋闲在家。这时她又想以教授青年舞蹈来谋生，开始在一些青年中教授她自编的中国舞蹈节目，只是因为国难当头，来向她学习舞蹈的人并不多。就这样，她度过了 8 年铁蹄下的沦陷生活，日子过得很清苦。好不容易熬到北京解放，她像广大老百姓一样，欢呼着新中国的诞生。这时很多国家与中国建交，来华的外国朋友多了，容龄从来华使者中发现了很多老朋友，像荷兰、印度、挪威、瑞典、缅甸各大使馆或公使馆的工作人员中，有些是她从前留学法国时认识的，有的是她在清廷当女官时认识的，旧雨新交，往来频繁。这些来华人员中很多人想学华语，想请容龄当他们的老师。而一些想学英语、法语的中国人也想请她教授外语。于是容龄为他们授课，批改作业，时间表安排得满满的。终于她发现羸弱的身体已难以胜任繁重的教学工作，遂逐渐辞去过多的授课工作。她认为自己比较适应于做些翻译工作，于是开始将一些中文材料译成英法文，并且试图将她熟知的宫廷生活写成文字资料。

就在这时，她从报上发现了一个人的名字：章士钊，当时他是中央文史研究馆的馆长。她想起章士钊认识她的父亲裕庚，她在北洋政府担任总统府女礼官时也见过章士钊，当时章士钊是北洋政府的教育总长。她怀着惴惴不安的心情给章士钊写了封信，向他提出了个人的就业问

题，以及她想从事写作等事的愿望。不久她收到复信，章士钊请她到中央文史馆一谈，在北海公园后边的心斋里，她高兴地见到了章士钊。章士钊回忆起在北洋政府时就见到她的情景，还问起她和德龄的情况，并且告诉她，中央文史研究馆决定聘请她为馆员，希望她将熟知的宫廷生活写成材料。容龄高兴得流下了泪，她这个出身官宦世家的女子现在在中国共产党领导下终于找到了可靠的归宿。她想起她的一家，父母已经亡故，姐姐德龄又远在美国，只有她可以将她知道的清宫生活写成书籍，对后人来说，这是有用的资料。

于是她进出在心斋里，用心地把一桩桩一件件她所知道的事情写了下来，这就是 1956 年出版的《清宫琐记》一书，书一出版就风靡一时。

1962 年，唐宝潮逝世了。唐宝潮是容龄亲密的伴侣，他常常陪着容龄外出，像卫士一样保护着她。唐宝潮逝世后，容龄在家里一直悬挂着他的遗像，那是唐宝潮青年时代在法国巴黎和会开会时当骑兵领队时的留影。

容龄非常喜欢文史馆，在那里她写完了《清宫琐记》，度过了她的后半生。

后 记

陈女士的残稿就写到这里。以后她到哪里去了？后来我从旁人那里打听到陈女士始终没有交代出"里通外国"这些政治性的问题来。后来她终于回到了自己的家。她已经没有工作，但她需要生活。她在旁人帮助下，辗转前往香港，试图去美国寻找她那没有见过面的姑姑，但是被困在香港，终于一病不起，最后在一次事故中身亡了。

容龄呢？在往后的岁月里，她还是住在自己的家里，但已不是囚徒，而是恢复了主人的身份。不过她的家已被洗劫一空。她睡的软床被压坏了，床下面又垫上了一张木床以作支撑。在无人过问的情况下，她向周恩来总理写了封信，周恩来派人来慰问她；还为她送来一张席梦思床、一张硬木桌子、一只硬木茶几、一个沙发。

在 60 年代中期，容龄考虑到为自己写《传记》的问题，她写汉字比较迟缓，不如写英文或法文来得快。她请了位四川籍的朋友，也是位年龄和她相仿的老人，她口述，老人执笔，两人合作，写了很长时间，写了很厚一叠毛笔字的稿纸，就放在容龄卧室的茶几下格上。"文革"一开始，这叠纸就不知去向了。为容龄执笔的老人活到 90 多岁后去世。

容龄于 1973 年去世。她没有子女，只知道她有个养女在天津，嫁给了一位孟先生。孟先生夫妇待容龄不错，每半月自天津来看望她一次，使容龄得到很大的安慰。容龄临终时说过要求把她的骨灰撒在江河湖海。中央文史研究馆为容龄举办了火化等手续，孟先生有个儿子遵照她的遗愿为容龄撒了骨灰。

附：裕容龄自传①

裕容龄，年 72 岁，满洲正白旗汉军旗人，公元 1882 年生于天津。父裕庚，字朗西，曾任前清驻日本公使及驻法国公使，我均随同赴任。1895 年，在我父任驻日本公使期内，延请教师，攻读英、日文学，同时从日本宫内省大礼官长崎学习外交礼节和音乐、古典舞、美术插花。1899 年在我父任驻法公使时期，入法国女子圣心学校读书，同时对于音乐及古典舞加以深造。1901 年从法国总统府大礼官学习外交礼节。1903 年冬随父回国。1904 年春前清慈禧太后召我母及我姐和我三人入清宫充御前女官，担任接见外宾事宜。1907 年因父病请假出宫，扶同赴沪就医。1908 年父病故沪上，是年慈禧太后亦去也，我即未入宫。1912 年

---

① 编者按：从时间上推算，此自传写于 1954 年。

与唐宝潮结婚，唐在法国圣西陆军士官学校毕业和索弥骑兵大学毕业。
1916 年任北京总统府女礼官，直至 1928 年政府南迁始卸职，改向技艺
方面发展，开设家庭刺绣女子服装研究社，专为设计新时代服装。1935
年任冀察政务委员会专任接待外宾交际员。自七七事变，时局已非，遂
重将教导舞蹈之事业拾起，冀将自编之中国舞蹈节目，授予我国青年，
以广流传。奈敌伪时期，求学者日少，未能持久。自 1950 年起，复以
教读为生。友邦人士欲学华语及英法文字者，多来请益，如荷兰、印
度、挪威、瑞典、缅甸各大使馆、公使馆人员，皆曾订有课程。至 1951
年以健康关系难胜劳累，遂告停辍。近拟将清宫与公府目击轶事及遗
闻，编辑整理，将次脱稿，并译有英法文《香妃传》电影稿等以为国际
间考古者之助。窃念既无生产，复无子女，年力渐衰，就业无方，而拙
夫唐宝潮拥护政务院就业伟大政策，经遵照公令登记，惟未获发展。幸
人民政府成立，百废鼎革，万丈光芒，普射四裔，定有晨曦照临，老朽
思之，寄以无限信望。此传。

北京的杠房与清内廷吉祥所

爱新觉罗·恒蘭

北京早年有三种行业，最初是官办的，后来变为私人经营。它们是：当铺、水夫（即俗称之"井窝子"）、杠房。经营"当铺"的以河北人为主，经营"水夫"的以山东人为主，开设"杠房"的，最初以山西人为主，后来北京人也经营这行，遂分为北京、山西两派。清末民初，北京有这样的俗谚："穷不死的直隶，渴不死的山东儿，死尸抬不完的老西儿。"本文仅就杠房、杠夫的由来与发展及清内廷御杠房"吉祥所"的情况，向大家做一简单介绍。

杠房与杠夫

北京的杠房，距今有 500 余年历史，它与北京垣城的改建及营造宫殿的历史，有很大关系。北京杠房不仅全国闻名，就连许多外国朋友也十分赞赏它的技术，因之某国际电影制片厂曾在北京西郊经某杠房请来很多技术高超的杠夫，专门表演出殡时抬杠的技术，拍摄成片，带到国外放映。

北京杠夫一说是从明代的工兵组织演变而来。据早年杠房业老人传说，在明代永乐年间，明成祖朱棣在北京大兴土木，建造宫殿，并改筑北京城垣，因工程浩大，工兵及民夫不够使用，除从各省监狱解来大批犯人外，还在北京近郊县、乡及山西征集大批民工，从山西还抽调了很多军工。在这些兵工中，以山西人为最多。工程完成后，朝廷安置这批兵工时，由于人数太多，便创设了官营杠房。但官营杠房有一定限额，遂又设了北京木厂、桅厂代理官营杠房。清廷入关，明代官营杠房散伙，原代理官营杠房的木厂、桅厂，便开始了正式的杠房营业。

还有一种说法，讲杠房是从清初兴起的。传说李闯王进京后，大批山西人进入北京，在北京经营各业店铺，如后来北京的银钱业、磨刀匠等均系山西人经营，一时势力很大，因而招致北京人嫉恨。清兵入关后，曾一度大捕山西人充当军中杂役，让他们打扫街道、掩埋战争中遗留的腐尸残骸。局势平定以后，由于这些人对掩埋尸体有一定经验，为安置这些人就业，便有杠房业之创建。所以后来经营木厂的，多为山西人。从以上两种传说来看，北京的杠房业，是从木厂蜕变而来。

北京杠房有"两屋子半"之称，即有两个专营杠房业的，半个是只售棺材、不管抬埋的。两个专业：一是山西人经营的，叫"山西屋子"；二是北京、河北人经营的，叫"直隶屋子"。"山西屋子"以作满族人的生意为主，颇得当时满族人信任。这种屋子，门面修得很讲究，金字匾额，上写"××木厂"或"××桅厂"，左右小匾上写有"满汉""执事"字样。"北京屋子"是民国以后，在"山西屋子"里当过头目人的河北人、北京人或外行资本家开设的。他们门前的牌匾，便直接写某某杠房，同时在门前摆设一些大小棍棒（形同幌子一样），用以招徕生意。杠房业最初以出租葬礼各种仪仗执事为主，如棺罩（即罩在棺木外的红缎绣花的罩子）及仪仗队用的旗、锣、伞、扇、车、轿、牌等项设备，和雇用一些熟悉当时社会上满、汉丧礼仪式知识的人，以便为主顾家办丧事时，按主顾的社会地位，恰当地安排应用的仪仗执事。因为在清代有《大清会典》的限制，满、汉官员死后，均按本人品级使用某种仪仗执事，不准乱用，尤其是满族官员、百姓，既有品级之分，又有上、下、内、外旗人之分。民国以后，取消了这些限制，无论什么人，只要有钱，都可任意使用。除此以外，杠房还兼售少量的棺材。

北京专门经营寿材的，最早也由木厂、桅厂经营，后来也有专门出售棺材的"寿材铺"。当时以宣武门外骡马市大街一带最多，该处有"棺材市大街"之称。

在清代，不仅对满、汉官民葬礼仪仗执事有限制，而且对使用多少杠夫抬杠也有限制。除皇帝、皇后、皇贵妃、贵妃、妃、嫔、贵人等死后，应用的绳、杠、棺木、棺罩等由御杠房（即吉祥所）备置外，王公、贝勒、贝子等一品大员用八十抬"王杠"；二品官用六十四杠，名为"头品杠"；三、四品官用四十八杠，名为"二品杠"；五、六、七品官用三十二杠，称"大杠"；八、九品以下的一般官员，有棺罩者叫"二十四杠扣吉了"，没有棺罩的叫"二十四个亮盘子"；一般百姓（包括满、汉民）最多只能用十六抬的"罗汉杠"（又称"吉祥杠"），次为八抬的"小抬"，再次为三人抬的"牛头杠"、二人抬的"穿心杠"，这都是一些贫苦人家用的，小孩则用一人的"跨匣子"。

杠夫（俗称"抬杠的"）并不是杠房的长期固定工，而是长期的临时工。平常没事时，可去做其他卖力气的活，有事则由头目人通知，必须随叫随到。杠房与杠夫不直接联系，通过头目人联系。头目分大头、二头。大头专负责与杠房联系，准备各项用具；二头负责用人、发钱、干活及处理一切临时发生的事务（俗称"了事的"）。大头、二头平时不向杠房领取丝毫报酬，但一旦有事，杠房只能找他承办一切事宜，不得另找他人。如果双方中一方不愿继续合作，须等到年节才能解除关系。杠夫多年以来，始终每天清晨在各城门口的茶馆集中，听候头目人的分配。

杠夫在执行抬杠任务时，另有一套组织，分为目、旗、幌、跟、夫五级。

"目"：为杠夫最高行动指挥，名为"响尺头目"。不论杠大杠小，全有两名"响尺头目"，俗称"对尺"。如果是八人"小抬"，则用一名，俗称"单尺"。他们手持"响尺"，不时敲击作响，以指挥全体杠夫行动，因之又称为"尺头儿"。在杠前左侧指挥的叫"大夫头"（即正头目），在右侧指挥的叫"二夫头"（即副头目）。清代皇帝、皇后大丧出殡时，有四名尺头儿，称为"双对尺"，分别在棺木前后左右各一名，在梓宫（即棺木）未出神武门以前，由内务府总管太监四名，担任"尺头儿"，梓宫抬出紫禁城，才由杠房尺头儿接替。

"响尺"原名"统敕"，是"尺头儿"发号施令的工具。它以两块檀木制成，厚的叫"响尺"，一根二尺长、一寸余宽，相传此即为明代永乐年间建造北京宫殿时所用的"营造尺"。另一根一尺多长、直径一寸左右的圆木棍为"敕木"，相传明代建造宫殿时，将全部工人分成若干班，发给每班头目一根这样的尺子，遇有工人不服从指挥时，头目可以用"敕木"责打，打死不追究刑事责任。所以，清代杠夫因故被"敕木"打伤致死后，打人者亦不负任何刑事责任。"响尺"在指挥全体杠夫及执事人员的行动时，起杠前以乱打响尺为全体人员集合的信号。杠夫及执事人员，听到响尺信号，便各拿各人应拿的工具，各就各位。"尺头儿"在各杠夫、执事都做好准备后，再敲一声响尺，杠夫便一齐上肩将杠抬起开始走步。走动时不准互相说话，只让人听见鞋底擦地的声音。响尺打一声长、两声短的尺声，是缓慢向前移动的信号。如用尺横打几下，杠夫一齐调换肩膀，连打数声，杠夫便同时加快步伐。到达目的地，则又横打响尺，全体一齐摘肩落地。至于下葬，另有负责人员。

北京杠夫的抬杠技术，最突出的特点是全部用杠绳捆绑，不论路程多远，始终不会松散或开结。在到达坟地时，只要拉动绳头，就会全部解开，所有结扣，没有一个是死疙瘩。而外地杠夫则用铁活结扎。北京杠头更为拿手的是，不论事主家的屋门口高低或宽窄，门外、门里有多少台阶，他们都能从容通过，而且始终使棺木保持平衡，不斜不倾。这一切动作，全靠"尺头儿"指挥得当。

"旗"：在大杠行进时，棺罩四周有四个人手执长杆，杆上系着四方形红蓝色小旗，这种旗叫"拨旗"（又称"四杆拨子"）。打旗的叫"旗夫"，是杠夫头目。旗杆顶端有叉形铁刃，如果路上遇有树枝、电线等障碍物，可以用它拨开，使大杠顺利通过，并可避免损坏棺罩。

"幌"：在棺罩上端四角，有四个龙头形兽口（俗称"吞口"），吞口下挂有四条金黄色绸穗和黄绸带（行话叫"绺穗"），每条"绺穗"各有一人用手拉拽，以防大风刮翻棺罩。拉拽的叫"拉幌的"，又称"幌夫"。

"跟"：四名赤手空拳者跟随在"幌夫"或"旗夫"后面，遇有树枝、电线等障碍物时，他们便将其挑开；如果中途遇雨，他们便以油绸布遮盖在绣片上，以免污损。这种人叫"跟夫"，是协助"旗夫""幌夫"排除障碍物的辅助工。

"夫"：即杠夫。

至于杠前打执事的和打着雪柳、片幡的人，不在本文介绍之内。

清内廷御杠房"吉祥所"

"吉祥所"是清廷收藏棺罩、绳、杠及寿木的地方，即清内廷专用的"御杠房"。这里所存的寿木名为"吉祥板"，杠叫"皇杠"，绳叫"黄绳"，棺罩叫"黄舆"，幡叫"黄旐"，幡架叫"旐架"。以上各项统称为"吉祥家伙"。其余仪仗、鼓乐则另存于内廷"銮架库"，与吉祥所无关。

皇帝、皇后以至皇贵妃、贵妃、妃、嫔等所用的棺材，在未制成前，统称"吉祥木"。锯成板后称为"吉祥片板"，待按木质锯成盖、底、两侧、前后等可以组成一口棺材的材料时，分别用红黄绵纸包好，装入做好的黄缎套内。这套木板称之为"吉祥板"，用时打开，按次攒成一棺，名叫"攒板"，等到皇帝死后入殓时，才称之为"梓宫"。

皇帝、皇后及妃、嫔所用棺材共分八等，按等级分别采用不同的木料、油漆层数、颜色及所用铺、盖。

皇帝之棺，叫"梓宫"，质为清水金丝楠木。"梓宫"外漆49道浑饰金色，"梓宫"内用碎珍珠片及各色小珍珠铺底，珠上设"宝床"。"宝床"是杉木制作的，漆黄漆，外套黄色绣龙缎套，上铺金织九龙黄缎褥、绣龙缎褥、闪缎褥各一条。遗体安放在三层褥上，上盖织金梵字陀罗尼咒黄缎衾单一层，绣九龙黄缎衾单一层，织金梵字陀罗尼缎五幅（分红、黄、蓝、白、黑五色），织金龙彩缎八幅（分黄、红、紫、蓝、绿、白、粉、黑八色），总计铺褥三层、盖衾十五层。大殓后，再将织龙黄缎棉套套于"梓宫"外，"外套"称之为"宫衣"。这是第一等。

皇后的棺材也叫"梓宫"，仍为楠木质，漆浑金色油漆49道。棺内也用碎珍珠片和各色小珍珠铺底，上置杉木黄漆"宝床"，外套黄绣龙缎套，铺有织金九凤黄缎褥、金五彩九凤缎褥、闪缎褥。褥上陈放遗体，上盖织金五彩九凤缎衾单、织金梵字陀罗尼黄缎衾单各一层，及五色梵陀罗尼缎五幅、各色绣龙彩缎四幅，共计褥三层、盖衾十一层。"梓宫"外所套"宫衣"为织凤黄缎棉套。是为二等。

三等为皇贵妃之棺，名为"金棺"，也是楠木质。漆黄色35道，上画金云龙纹。棺底用碎珠片铺底，上设漆黄色之床，名为"大床"。床外套有黄云缎套，上铺织龙黄缎褥、黄缎褥、闪缎褥各一层。遗体上盖梵字陀罗尼黄缎衾单、织龙黄缎衾单各一层，各色梵字陀罗尼缎五幅、绣龙彩缎二幅。共计褥三层，盖衾九层。棺外套行龙缎棉套，名为"棺衣"。以上三等所用的黄色，皆为明黄色，四等以下皆为金黄色。

四等为贵妃的"金棺"，木质为紫香杉。漆金黄色漆15层，画金云龙。棺底以棉花及香末（即供佛所烧之香）铺底。"木床"漆金黄色，套为金黄缎套。上铺三层褥与皇贵妃同，遗体上盖梵字陀罗尼衾单、缎衾单各一层，五色梵字陀罗尼缎五幅、彩缎两幅，共计褥三层、盖衾九层，棺套为香色绣龙缎。

五等为妃之"金棺"，木质为杉木。漆15道金黄色，棺底所铺与贵妃同。木床也是金黄色，床套为金黄绣花缎套，铺褥与贵妃同。遗体上所盖之衾，则为梵字陀罗尼衾单、缎衾单各一层，各色梵字陀罗尼缎三幅，彩缎二幅，共计褥三层，衾四层。棺套为金黄龙缎棉套。

六等为嫔之"金棺"，亦杉木质。漆15层金黄色，铺底、木床、衾褥均与五等相同，唯无各色梵字陀罗尼缎，只有彩缎三幅，共计褥三层、衾四层。棺衣为金黄云缎棉套。

七等为贵人的"彩棺"，亦为杉木质。漆15层红色，木床为红色，套红云缎，铺绣花缎褥、彩缎褥、闪缎褥各一，衾单为绣龙彩缎三幅，无梵字陀罗尼衾及陀罗尼缎（倘皇帝钦赐则有）。棺外的棉套为大红缎所制，名为"彩衣"。

八等为"常在"及"答应"（即收房尚未赐封号的丫鬟）的"彩棺"，质为杉木。棺外不漆，只刷一层红色。棺内无床，只衬大红缎一幅，铺闪缎褥一层，盖彩缎衾三层。棺套为大红绫棉套。

以上等级规定是从明永乐朝至清光绪朝，宫中吉祥所 500 余年来所执行的丧仪制度。唯明思宗朱由检（崇祯皇帝）及清代太祖爱新觉罗·努尔哈赤、太宗爱新觉罗·皇太极，所用之棺衾与上述不同。

皇帝、皇后的梓宫出殡时，杠夫为 120 名。但在北京城内用 80 名，紫禁城内用 48 名。"皇舆"（棺罩）为明黄色，皇杠为金黄色，黄绳亦为金黄色。杠夫穿红色驾衣、黄色布套裤，脚蹬黑布靴子，头戴黑呢帽，帽顶插黄色翎子。贵妃用杠夫 80 名，紫禁城内 32 名，棺罩为黄色罩片，杠、绳均为金黄色，杠夫亦红色驾衣，黄色翎子。妃用杠夫 80 名，紫禁城内 32 名，罩片、杠、绳均为金黄色，杠夫亦为红衣、黄翎。嫔及贵人则杠夫 64 名，紫禁城内 24 名。嫔之罩片、杠、绳为红色，杠夫为绿驾衣，插红翎（民国以后，一般大户人家丧事，出殡多用 64 杠，杠夫的驾衣、帽上的翎子均与嫔及贵人相同）。常在、答应用杠夫 48 名，紫禁城内 24 名，常在棺罩用蓝色罩片，答应用青色罩片，杠、绳均为红色，杠夫绿衣红翎。

上面讲的是吉祥所根据等级规定所用之杠、绳、罩片，以及杠夫的穿着。这些所谓"吉祥家伙"，不仅在颜色上、花纹上为民间杠房所没有，就是这些大小罩（又称"吉了"）长短粗细的杠，亦民间杠房所无。不过，清宫内不论帝、后、妃、嫔，出殡时所用的杠夫，有一些是从民间杠房调来的（称为"传白差"）。由于这种杠房与清宫有被"传白差"的关系，故而可以叫做"黄杠房"，但绝对不得称为"皇杠房"。"皇杠房"一词，只可用于"吉祥所"。

清宫"瑰宝"抵押后……

胡仲文

民国初年，清皇室内务大臣绍英、耆龄等和北京盐业银行经理岳乾斋、副经理朱虞生等秘密接洽，以宫中所藏文物作抵向银行借款，计先后以金钟①、玉制品、瓷器等共 4000 余件，分批借得现银 40 万两。文物数量之大，押款之多，是颇足以惊人的。此项借款经过若干年之后，本息合计起来，总数甚巨，清皇室无力偿还，赎回押品。大约到了 1921 年，由清皇室经手人和盐业银行商妥，把押品全部作价，除偿还借款本息外，并由银行找补了若干现款。从此，这一大批宝贵文物就为盐业银行所有。到了 1929 年吴鼎昌任盐业银行总经理的时候，我以天津四行储蓄会会计领组资格奉命参加该行改革会计制度，发现这笔借款数字在当时该行账上早已全部打消，所有押品也就成为该行私有的账外物资，除吴鼎昌等几个人而外，就没有人知其底蕴了。

---

① 金钟即现在北京故宫博物院珍宝馆所陈列的编钟，全套共 16 只。1790 年，清朝乾隆皇帝为了表示豪富，用黄金铸成。

盐业银行先把部分玉制品和瓷器装了八大箱密运天津四行储蓄会保管，1932 年又把金钟 16 件装了八个木箱，由京秘密以汽车先运交天津法租界盐业银行保存，后来又转送英租界四行储蓄会保管。1931 年，该行曾选出玉制品和瓷器精品二三十件派行员李肃然押运到美国出售，除卖去一部分外，其余由李代表盐业银行租用安文信托公司保管箱存放起来，后下落不明。

到了抗日战争期间，日军进入天津旧租界后，敌伪大肆搜刮金银财物，盐业银行存在英租界四行储蓄会的这批文物也在日人窥伺之中。天津盐业银行经理陈亦侯曾设法密向吴鼎昌（时在后方任贵州省主席）请示处理办法。吴复电嘱"毁"，但陈未执行，幸获保全。

新中国成立以后，除了天津所有金钟和部分玉制品、瓷器等都由政府接收以外，其余的全无下落，这一批珍贵的历史文物就这样在金融资本家手里散失了。

清宫"瑰宝"失而复得

仲　珩

　　《纵横》1983 年第 2 期刊载胡仲文同志所写《清宫"瑰宝"抵押后……》，读后，我常为"瑰宝"散失而痛心。最近，因为工作关系，偶然听到有人议论这批"瑰宝"的下落，我抱着好奇之心，寻根究底，终于证实这批珍贵的历史文物并没有在"金融资本家手里散失了"。它经过 50 年的波折，已于 1980 年又重新回到祖国的手里。现在，我将"瑰宝"回归祖国的经过，作一简介，以飨读者。

　　胡文曾提到，民国初年，清皇室向北京盐业银行借款抵押的四千余件"瑰宝"，放在天津的金钟、玉器和瓷器早在天津解放时，即已被人民政府接收；唯独被李肃然押运美国的部分"瑰宝"——"选出玉制品和瓷器精品二三十件"——下落不明。

　　据了解，这里提到的李肃然，是天津人，现年 80 多岁，他 1928 年进北京盐业银行，以前曾留学美国。1930 年（不是 1931 年），盐业银行董事长兼总经理吴鼎昌和北京分行经理岳荣堃派李肃然去美国兜售清皇室内务大臣绍英、耆龄等抵押给盐业银行的 15 件康熙官窑瓷器（不是二三十件），图获厚利。当时同去美国的还有金城银行的高级职员吴言钦和另一位"美国通"刘竹君。吴和李共同负责出售古董之事。刘竹君则是纯为其他事去美国的。后来因为美国买主出价不符理想，这批瓷器终未卖成。于是李、吴二人便以私人名义将15件瓷器存入美国纽约花旗银行的保管箱内。他们所以用私人名义，是因为当时盐业银行未能提供公司章程和出具必要的董事会决议和授权文件，故不能用行名开户存入。

李肃然回国后不久，因为某些原因被盐业银行解雇。李在离开盐业银行时，以及后来，对这批瓷器古董一直未做交代，在美国的保管费也只缴付一年，此后则长期拖欠未缴。后来盐业银行在上海的总经理王绍贤曾准备补缴费用，但因总处外汇调拨困难，而未缴成。以后，盐业银行将这批古董的全部文件及保管箱钥匙，转交给盐业银行香港分行，作为偿还港行外汇损失的补贴。1943年，港行一次向花旗银行补缴了11年的保管箱存放费用。后来便按年缴纳，直到1980年止，总共缴付了为期50年的存放费用。

抗日战争期间，与李肃然同去美国的吴言钦在上海遇炸身亡，嗣后李也辗转去美国居住。李到美国后，曾怂恿一些盐业银行的股东和他一起谋划企图侵吞这批古董。消息传到香港后，大家非常担心他们的谋划得逞，便立即以盐业银行香港分行的名义函告美国花旗银行，说明这批古董瓷器的物主是中国盐业银行，并非李、吴私人所有，保管箱的钥匙和有关文件均掌握在盐业银行手中，强调提出李无权取走这批古董，并要求花旗银行将保管箱正式过户给盐业银行。花旗银行复函表示，可以将保管箱过户给盐业银行香港分行，但要递交盐业银行董事会决议和授权书，并且还要李肃然亲笔签字的关于保管箱属于盐业银行所有的相应声明。盐业银行香港分行派人立即与李肃然交涉。李说，他早已写过了声明交给了王绍贤（曾任盐业银行北京分行副理、上海分行经理），找王查询，王说，已将李的声明交给了上海分行张经理；张又委托给富刚侯律师，而该律师已去台湾了。港行追寻的线索断了，他们只好请求李再写一次。可是李肃然反目无情，坚持不写，大发脾气，并叫律师来信质问港行。在李的作梗下，这15件"瑰宝"古瓷，便成了50年无法解决的老大难问题。

中国和美国的关系改善以后，1980年李肃然突然去香港宝生银行购买我国发行的金币时，谈话中涉及这批古董，他吹嘘自己为盐业银行代为保管了50年，流露出要盐业银行给他一笔钱的意思。宝生银行负责人爱宝心切，听到消息后，立即与盐业银行联系。经与李讨价还价，最后请示上级批准，决定给他十万美元，收回瑰宝。李这才同意签署了有关过户声明。在办好一切必要的手续后，由北京派专人去美国花旗银行提取这15件古瓷器，经过专家鉴定，确系清宫保存的康熙官窑瓷器。

这15件清宫古瓷，虽非稀世珍宝，但从它颠沛流离的经过，可以看出，那些真心爱国的人士，为保护它，披肝沥胆；而那些貌似正人君子的人，为攫取它，费尽心机。历史是人生的镜子，孰好孰坏都会得到真实的反映。假话像雪花一样，在阳光下很快会消失。

清廷考察团出洋现丑录

谢伯谦口述　孙俊整理

　　中日甲午之战后，中国面临被帝国主义列强瓜分的局面。1900年，反帝爱国的义和团运动爆发，八国联军随之入侵，腐败的清政府与入侵者签订了屈辱的《辛丑条约》。内外交困、岌岌可危的清政府，为平息民愤，笼络人心，玩弄"立宪"骗局，于1905年6月派载泽、徐世昌、戴鸿慈、端方、绍英五大臣出洋"考察宪政"。考察团于北京车站登车时，遭革命者投掷炸弹，载泽、绍英受伤，清廷震恐，行期被迫推迟。后决定分两批出发。第一批由戴鸿慈、端方率随员于11月中旬先行。随员中多系新旧官僚，但也有几个军人和学生。我当时以学生名义随从。下面所列记忆所及的几件琐事，既可说明这班官僚的昏蒙，又可从一个侧面见出清政府的腐败。

　　考察团于12月8日由津抵沪，再改乘美国太平洋轮船公司的轮船前往美国。在沪候船期间，各人买了些零碎用品，但已剪去辫子的随从大员们，却还要做一条假辫子结连在罩子上。这种假辫罩，只有英国理发店外国理发师做得最好。这几位大员不懂英语，要我陪他们前往接洽安装。记得做一个假辫置，索价竟高达 40 元，真是骇人听闻，可被人家敲了竹杠的大员们，却还连声称赞！

戴鸿慈、端方和一些随从人员从未去过外国。考察团登上美轮后，由于他们对外轮上的习俗礼节一无所知，又弄得笑话百出。比如餐桌上有印得很精致的菜单，依照西菜规定，前几项都是汤。大家不懂西菜点菜方法，只是一、二、三、四地依次往下点，结果端上来的第一道菜是汤，第二道菜是汤，第三道菜甚至第四道菜还是汤，吃来吃去都是汤，加上喝时又咕咕作响，如水鸭吸食，逗引得一起就餐的外国男女都捧腹大笑。大家发觉自上而下点的方法不对，就改为自下而上点，谁知西菜单最后几项都是西点之类的东西，于是送来的又是左一个布丁，右一个冰激凌，当不得饱，充不得饥，真是啼笑皆非。

由寡见少闻而闹的笑话，给我印象最深的莫过于这样一件事：考察团抵旧金山一旅馆时，我与另一人（姓名已忘）携带行李随仆役进入电梯。他以为我们是被带进了一间矮小的房间，便不由得大发脾气，申斥仆役不应如此怠慢客人。及至电梯启动，直线上升，他又大吃一惊。至第几层停止后，当仆役带我们走进宽敞华丽的房间时，他才明白自己是完全误会了。

抗击沙俄侵略的清军将领寿山

吴克明

寿山，汉军正白旗人，姓袁，字眉峰。他是明末兵部尚书袁崇焕的后裔。其父为吉林将军。1892 年（光绪十八年），他的父亲病死后，袭骑都尉世职，担任过员外郎、郎中等职。1894 年中日甲午战争爆发以后，他奉命招募劲旅两营，担任步队统领。在日本侵略军大举侵犯奉天时，寿山同其弟、马队统领永山自请赴前敌，随依克唐阿在奉天抗击日军。在与日军激战中其弟不幸殉国，他自己身负重伤，被日军"枪弹入右腹，贯左臀出"，鲜血染满衣袴，但仍坚持战斗。

由于寿山抗击外敌坚决，1897 年被提升为黑龙江镇边军左路统领，驻防瑷珲重镇。他为了巩固边防，防御沙俄侵略者的进犯，率部加紧战备训练。两年后，他升为瑷珲副都统，帮办黑龙江边防和军务。1900 年黑龙江将军恩泽病殁后，他又继任黑龙江将军。在此期间，他努力实行"铲奸弊，明赏罚，图要塞"的措施，增强军队的战斗力，取得了显著的效果。

1900 年夏，反帝爱国的义和团运动在东北地区蓬勃发展起来，不断打击沙俄和其他列强的侵略势力，威胁着列强在华利益。俄国帝国主义撕掉伪善的面孔，打着"保路""镇压暴乱"的旗号，悍然派遣 17 万军队，发动对中国东北地区的侵略战争，妄图实现"黄俄罗斯"阴谋计划。在沙俄侵略中国领土的严重形势下，具有爱国御敌思想的寿山，比较明确地指出沙俄侵略东北的目的，他说，沙皇俄国"其觊觎东三省者几百年，近始得借铁路，遂其狡谋，幸获有衅，乘虚而入，明保铁路，实阴谋据三省"。同年 7 月 8 日，俄国阿穆尔军区司令格罗戴科夫以"护路"为借口，蛮横地向黑龙江将军提出，把驻守这个地区的清军调出，让开大道，使集结在海兰泡的数千名俄国侵略军能够从瑷珲、齐齐哈尔城经过，开进哈尔滨。显然这种肆意践踏中国领土主权的侵略要求是不能答应的，它当即遭到寿山将军的坚决反对。寿山郑重声明：铁路由中国负责保护，俄军如若侵犯，将予以坚决回击。作为一个清朝政府中的高级将领，这种维护国家主权，坚决反对外敌侵略的精神，是难能可贵的。寿山对侵略者的警告，没有使侵略成性的沙俄帝国主义停止行动，它们凭借优势的军事力量，于 7 月 15 日，乘船强行渡江，向瑷珲城发动猖狂进攻。俄国侵略者首先向驻守该地的清军开枪开炮，打死打伤我军民多人，当地军民忍无可忍，被迫进行了自卫还击，打退了侵略者的进攻。此时，沙俄侵略军又一手制造了惨绝人寰的海兰泡和江东 64 屯惨案，鲜血染红了黑龙江，"伤重者毙岸，轻伤者死江，未受伤者投水溺之。骸骨漂溢，蔽满江津"。据初步计算，仅江东 64 屯就被侵略者杀害 7000 余人。

沙俄侵略者的暴行，激起了我国人民的无比愤恨，决心同他们血战到底。当时担任瑷珲副都统的凤翔按照寿山将军的部署，率领广大官兵英勇抗击俄国侵略军，多次击退其进攻，使瑷珲古城岿然不动。

寿山为了保卫祖国的领土，打击进犯黑龙江的数路俄军，还主动联络东北三省共谋抵抗。他曾屡电吉林将军长顺，共同商讨会攻俄国侵略军老巢哈尔滨，但长顺借故拖延未成。在此情况下，寿山在广大爱国军民与义和团战士的支持下，毅然发动了对哈尔滨的总攻击。经过顽强的战斗，终因弹药缺乏，长顺又不予支持，使得总攻哈尔滨的战斗遭致失利。但是，寿山并未因此心灰意冷，相反，他为了再次组织总攻盘踞在哈尔滨的沙俄侵略者，又电告长顺和盛京将军增祺等人，陈述进攻的有利条件和通力合作的办法。电文中写道：现"哈尔滨俄兵实在不多"，"请饬各军并力合剿"，就能够"不难一鼓荡平"。但长顺、增祺等人，以"军事不利"不可轻战为借口，反对寿山的正确主张。就这样，围攻哈尔滨的战斗计划至终无法实现。

寿山将军的爱国抗俄思想，还集中表现在力主联合抗敌的奏折中。他在一次奏折中写道："彼族既以全力相压，不厌其欲，必不止"，"利权尽为他人所据，如此尚能振乎！此不得不战者"。他明确地提出具体抗俄措施，"惟三省必须互相联络，不分畛域"，"东北边防"，是"战守之要道"，必须坚守，应"分段策应之机宜，时与诸将弁讨论而讲求之"。

1900 年 8 月初，瑷珲副都统凤翔在抗击沙俄侵略军的战斗中牺牲，瑷珲城不幸失陷。瑷珲城的失守，在黑龙江省引起很大震动。此时，寿山一再督促责令营务处总理程德全，沿途详细察看地形，"以备临时扼守"。同时，还"激励诸军稳定为要"，必须坚守住讷谟尔河南岸，以确保黑龙江省城齐齐哈尔的安全。此外，他又督促黑龙江副都统萨保，抓紧一切时间训练清兵和义和团战士，加强攻防建筑，挖好壕沟和其他战备工程，固守省城。

俄国侵略者出动大批军队，向黑龙江省城齐齐哈尔发动疯狂的进攻，寿山率领官兵进行顽强的抵抗，终因敌众我寡，俄军进占了齐齐哈尔城。省城失陷时，俄军对寿山进行诱降，寿山拒不投降，以自杀殉职。他在临死前还坚定地对部下说："不欲与俄人见面"，不能"改隶夷籍，反颜事虏"，保持了民族气节。

由于阶级和时代的局限，以及腐败的旧制度的束缚，寿山也有过这样那样的错误和缺陷，但他在外敌面前，敢于率军抵抗，至死不屈，这在我国近代史上，特别是在清朝政府的高级将领中，是不可多得的。

王揖唐其人

———

王振中

1946 年春，我在北平西城区石驸马大街（现改名新文化街）国民党华北日报社当记者。那时抗战胜利不久，军统局北平站站长马汉三在北平国民党警宪配合下，搜捕汉奸，伪华北政务委员会委员长王揖唐亦在搜捕之列。而后，群奸如潘毓桂、余晋和等由国民党司法部下令，空运转到南京老虎桥监狱拘押。当他们由草岚子第一监狱提出时，每人胸前贴上用白长布条毛笔书写的名字，乘敞篷卡车在东单、西单、前门等交通要道游街示众，让如潮的人们唾骂。

王揖唐因病体弱，未被押解，拖到 1948 年 9 月才被处决。他是在狱中一张长竹躺椅上被枪毙的。

王揖唐，原名王赓，号什公，因为颏下留着一大把山羊胡子，在平津沦陷时期，人们看不起他，不呼其名，管他叫"王大胡子"。他于 1877 年出生在安徽合肥的一个地主家庭，居长。在 1904 年慈禧太后 70 岁生日的恩科（中国历史最后一次科举）考试中，王揖唐考中进士，同科的有谭延闿、沈钧儒、商衍鎏等近代史中知名人士。王登翰苑入词林后，授庶吉士，住在安徽会馆，每天到翰林院习清书，因为有辞令，又很会逢迎巴结，颇有点名气。1907 年徐世昌任东三省总督时，王揖唐随徐去沈阳当文案（秘书），因手笔敏捷，善于揣摩徐的意旨，极为徐所赏识。不久，逢沙皇尼古拉二世加冕，戴鸿慈为清廷赴俄加冕贺使，途经沈阳。戴与徐世昌在闲谈中提到随员中多不谙外交边务和沙俄情况，徐就给王揖唐加了一个"军事参议官"的空衔向戴推荐，王即成了戴的随员。戴后又由俄转道欧美各国考察政治军事，王一直随在身旁。因系徐世昌推荐的"军事参议官"，戴对王亦不摸底，反而认为王是一个军务专门人才，而王也就打肿了脸充胖子，以军事专家自居，把个大官僚戴鸿慈唬得不知道其有多大本领。

当时，清政府练新军，是以德国的陆军为样板，王揖唐因随戴在德国学习、考察过该国陆军，回国后即身价大增，被颟顸无知的权贵们视为文武兼备而刮目相看，派赴日本去留学深造。在日本士官学校步兵科学习期间，一向茶来伸手、饭来张口的王揖唐遇上真格的操练，根本受不了，经常受到教练班长的体罚，甚至拳打脚踢。王因为劈刀、拳击两项不及格，把日本教官气得不得了，踢了他一马靴，受了骨伤，被留级。王揖唐感到面子上不好看，没有混到文凭，无颜回国见江东父老，只得离开士官学校，跑到法政大学去学法律。仅完成一半学业王即返国度假，正巧赶上清廷搞所谓"考验游学毕业生试"。于是，王揖唐又与后来的第一任民国政府财政总长陈锦涛同榜，成了被时人所羡慕的精通中西之学的"双料进士"。

不久辛亥革命爆发，北洋军阀窃取胜利成果，执掌政权。王揖唐因与皖系首领、内阁陆军总长段祺瑞是安徽合肥的小同乡，被段视为最亲信的幕僚，并向袁世凯力荐，成为袁的谋士和红人，连亲信、总统府秘书长梁士诒也自感相形见绌。当时，在北京流传有"王揖唐双手抓住袁总统，一脚踢开梁士诒"的街头议论，可见王揖唐善于投机钻营，且多权谋。

王揖唐在袁世凯窃国时期，竭力给袁报效卖力。南京会议时，他是北方政府四代表之一，并被授予陆军中将的军衔；1913 年 1 月 10 日，袁世凯召集国会，王被圈定为首届国会议员；旧国会解散，设修改约法会议时，王又代表安徽省出席会议，替袁鼓噪呐喊。1915 年，王揖唐 38 岁，被袁世凯聘为"总统府参政"，竟和袁所尊崇的所谓"嵩山四老"平起平坐。而后，王的老上司、国务卿徐世昌又派王揖唐到德国考察军事，并游历欧洲各国，增加他的政治本钱。回国后，王主政吉林省，成为封疆大吏，只因当时东北已是奉系张作霖的天下，卧榻之上岂容他人酣睡，所以仅干了七个月，就被撵走，灰溜溜地回到了北京。

正当王揖唐无比沮丧之际，不料否极泰来。这时，段祺瑞继徐世昌任国务卿，总理国务，袁世凯正积极准备登基当洪宪皇帝，王于是又成了策划劝进最卖力气的人。但是，在表面上王揖唐并不大声鼓噪表态，因为他深知袁世凯此举极不得人心，不能不留有余地，足见其随机应变，工于心计，非一般政客所能及。未几，王揖唐扶摇直上，成了段内阁中年纪最轻的内务总长。

1916 年 6 月 6 日，袁世凯病死，黎元洪当了总统，段祺瑞出任内阁总理，又派王赴德、法考察军务。次年王揖唐回国，奉段祺瑞之命组织安福俱乐部（以现中南海新华门前安福胡同俱乐部地址命名）以操纵议会选举，因此又跃身为参议院议长，并任南北议和的总代表。

王揖唐在段祺瑞掌权期间，风云一时，朝野侧目，成为皖系的核心分子。黎元洪上台后，恢复了临时约法，段祺瑞便打算将身兼的陆军总长一职让王干。王揖唐得到消息，又喜又忧。喜的是能掌握全国军权，忧的是自己不是科班出身，怕难以服众。于是乎，一生迷信的王揖唐便扮成一个商人模样，去找北京最有名的算命先生"懒佛"给卜休咎，算卦看相。

这位"懒佛"说："就先生尊相格局看，宜干文差不宜武。干文差可官至一品，贵不可言。"

王揖唐心中恋于当陆军总长，反问道："可是鄙人是个武人，难道习武的还不能够领兵往上升吗？"

"懒佛"回答说："尊驾虽是武人，但也千万不能再带兵，就是挂了虚衔也要推脱掉。不然的话，将会有性命之忧，杀身大祸。"

王揖唐听信了这位算命先生的话，便向段祺瑞表示自己是文人出身，当不了陆军总长。段也就自兼该职，未让给他人。由此可见王在北洋皖系军阀中的地位和分量了。

1920 年 7 月，直皖战争爆发，皖败，段祺瑞下台。北洋政府在直系操纵下，下令通缉王揖唐和徐树铮等人。王揖唐先逃到皖系浙江督军卢永祥处暂避风头，而后又化装逃到日本。直到 1924 年第二次直奉战争后，段祺瑞就任中华民国"临时总执政"，王揖唐才被段任命为安徽省长兼军务督办，可是没干半年就被奉系姜登选赶走。

1926 年春，张作霖和吴佩孚联合"反赤"，与张宗昌、李景林直鲁联军夹攻冯玉祥，段祺瑞勾结奉系，被冯部鹿钟麟发觉，将其驱逐下台。从此，皖系彻底瓦解，段祺瑞在天津英租界做起寓公来。树倒猢狲散，王揖唐也结束了他在北洋政治舞台上的生涯，在天津租界观望时局变化，伺机再捞一把。

1937 年抗日战争爆发，平津沦陷，蛰居天津英租界多年的北洋军阀王揖唐、王克敏、齐燮元、朱深等，都纷纷觍颜投敌，而谀媚肉麻无所不至的，以王为甚。但日本人却对王克敏更为重视，所以在北京导演的"中华民国临时政府"和"华北政务委员会"，均先以王克敏为头目；

迫汪精卫在南京成立伪国民政府，亦抑王揖唐而重视王克敏，仅给王揖唐以有名无实的"考试院长"虚衔而已。

"二王"在北洋政府时代即为政敌。王揖唐属皖系，王克敏是直系，两人势成水火，虽为翁婿关系，但在争当华北头号汉奸上，是你死我活各不相让。原来，王揖唐的小老婆顾阿翠本是北京韩家潭八大胡同的苏州妓女，其身边有一个从苏州乡下买来的使女叫小阿凤，长得也很漂亮。顾阿翠从良跟了王揖唐两年后，王的原配老婆在安徽合肥老家病故，王就请段祺瑞主持，将顾阿翠扶正，并把小阿凤认为义女。第一次直奉战后，曹锟当权，王克敏成为这位贿选总统的大红人。王揖唐眼见直系得势，为了拉拢王克敏，就把这个小阿凤送给王克敏做妾。

汪精卫在南京成立伪国民政府后，胃口很大，最初想把华北、华中、华南各沦陷区，统归他一人领导，但王克敏在日本人撑腰下，骄妄自大，不买汪精卫的账。日本人为了达到分而治之的目的，表面上同意汪的意见，实际上，华北政务委员会仍与汪伪南京政府形成南北独立、半独立的状态。汪由此对王克敏怀恨在心，必欲除之而后快，最后终于寻机让王揖唐兼任华北政务委员会委员长。汪的目的是想通过王揖唐之手，把华北沦陷的五省真正抓到自己手里。为此，汪精卫不仅费尽了心机，而且不惜得罪日本人。

王揖唐上台不久，为取悦日本人，又向日方主持兴亚院的喜多诚一建议成立"华北防共委员会"，并自告奋勇任委员长。他多次演讲，发表谈话，要华北五省沦陷区的人民拥护日本大东亚圣战，反共救国；又先后去日本两次，拜见天皇裕仁，给日本朝野重臣送古玩书画。

王揖唐对日本人的谄媚趋奉，竟到了肉麻的程度。有一次在怀仁堂开会，日本驻华北派遣军司令官多田骏和喜多诚一均出席到场。王以华北政委会委员长身份主持会议，竟不敢坐主座，对这两个华北侵略军头目诚惶诚恐，唯唯称是。会上，喜多盛气凌人，讥诮怒骂，王揖唐仍曲意逢迎不已。华北日方的兴亚院下设有政务局，局长专田大佐仅是个三号角色，王对其也是有事必请示，动辄便说："专田阁下的意思怎样就怎样。"王揖唐因此博得华北日军的欢心，身兼内务总署督办、华北防共委员会委员长、华北综合调查研究所委员长、华北物价处理委员会委员长等要职，但还感到不满足。有一天，日本大东亚华北联络部部长盐泽和王谈到教育总署督办出缺一事，王赶忙毛遂自荐说："我可以兼任。"盐泽不高兴地说："你已身兼数职，若再兼此职，不就成了独裁了吗？"王连现媚色地答道："行，行，我可以干干。"盐泽无言。次日，王即发表自兼，并在报纸上大发其"青年举子"的谬论。

王揖唐本系好穿长袍马褂的旧官僚，在北洋政界多年，暮气和积习太深，终日交际应酬，爱财如命，对于公事政务，则一概服从日本顾问的旨意，自己从不做主。华北政委会设在北平东城外交部街，下有八大厅，而不叫处。王每天上午上班，下午则应酬交际和访友，周旋于风花雪月；如有紧急公务，只准上午找他批示办理，下午照例不谈公事。这种因循颟顸的作风，连日本人也对他非常不满，有"王克敏能做事不听话，王揖唐肯听话不做事"的议论。王揖唐私下对人谈起为官之道时亦说："我宦海浮沉这么些年，不管马虎和认真，全是给别人抬轿子和做嫁衣裳，必须面面俱到，外圆而内方，绝不能丁是丁卯是卯，这样才能长治而久安。何况现在是日本人的天下，顺从为万事之本，不管他人笑骂。"

王揖唐当伪华北政务委员会委员长二年零八个月间，贪污搜刮了不少钱。他将钱财的大半买了黄金和房产，除了在北平东城东堂子胡同的住宅外，各处还有房屋 700 余间，古玩、书画、名瓷、珍珠、翡翠、皮货等不计其数。由于王揖唐敛财无度，不得人心，王克敏又乘机在青岛幕后指挥留在华北政委会的旧喽啰，向日本内阁首相控告王"贪污渎职，废弛公务"。经兴亚院北平机关长水磨调查属实，终被撤换，由王克敏继任。为了给王揖唐一个台阶，由汪精卫给了他一个"国民政府委员"的空名义了事。

抗战胜利后，在国民党政府下肃奸令前，王揖唐自知难逃法网，惶惶不可终日，以致精神有些失常，入中央医院就医。当时医院中所住多系"避难"的汉奸伪官，医生们在沦陷期间饱尝苦难，对这些汉奸，尤其是王揖唐之类，抱有"不能叫他们舒舒服服地死了，要给他们治好以后，看他们身受国法"的念头。王揖唐住在中央医院东楼下127号单间房，因其惜财如命，将平生搜刮的民脂民膏，全都带到了身边，放在一个小皮箱内。他每天晨晚念佛，手拈珊瑚佛珠，乞求佛祖保佑他不死。此外，临睡前他还总要坐在床旁小桌前，把房地契一份一份地摆到桌子上，极为仔细地查看一番。他知道自己是不可赦的汉奸之一，这老大的一份家产，难免被充公，因此，他经常在梦呓中呼喊："××处的房产，你们不能没收；××处的地产，是我的祖产……"

王揖唐是在医院被逮捕入狱的。每当开庭受审，王就装成病重昏迷状态，被人用帆布行军床抬到法庭。王在帆布床上，闭目不语地躺着，既不坐起来，也不答话，搞得法官没有办法。就这样拖着多活了两年多。

最后审判的日子到了。几位法官做了研究，对群奸之首的王揖唐，不管他开不开口，其叛国之罪铁证如山，一定要判决。

开庭那天，司法部街高院法庭挤满了旁听的人，法院外更是人声鼎沸。然而，谁也没有料到，当承审法官何承焯审问时，王竟突然欠身从帆布床上坐起来，大声地说："何承焯，你没有资格来审问我！华北沦陷期间，你在我的下面做事，又不是地下工作者。你是个小汉奸，哪有小汉奸来审问大汉奸之理？这岂不是滑天下之大稽吗？你赶快给我回避，让政府另换一位纯洁的法官来审问我，我王某人自会认罪。"王揖唐这一手，使法庭上下和旁听的人们顿时哗然。何承焯更是搞得难以下台，脸和大红布一般，忽红忽白，只好宣布退庭，改期再审。大汉奸几句话轰跑了主审法官。

一星期后，北平的《华北日报》、天津《大公报》、上海《申报》，报头旁的广告栏内，刊出了一则王揖唐启事：

查主审揖唐案件之审判长何承焯，曾任伪华北政务委员会所属之法官训练所教务主任。如谓揖唐系大汉奸，则该审判长为揖唐统治下之小汉奸。今以小汉奸而审大汉奸，天下后世其谓今世如何世耶？

何承焯因被王揖唐抓住把柄，受到停职处分。

王揖唐的死刑判决，因后来再审时，又拖了几个月，一直到1948年9月才在狱中执行。刑前，王被抬到后院刑场。他躺在竹编长躺椅上，还大声地喊叫着："我不服，我还要上诉呢！我还要上诉呢！"当法警把躺椅抬到离墙2米处，王更是声泪俱下地大喊："求蒋主席开恩啊！"王揖唐身中七弹方才毙命，结束了他反动罪恶的一生。

末科状元刘春霖

荆晖　孟东岭

　　中国封建社会设科考试选拔官吏的制度，自隋文帝开皇七年（公元587 年）始，至清光绪三十二年（1906 年）废除，共绵延 1319 年之久。科举考试的最高一级为殿试，殿试第一名者称状元，中状元者号为"大魁天下"，为科名中最高荣誉。清代科举，从顺治三年（1646 年）丙戌科开始，到光绪三十年（1904 年）结束，258 年中共举行 112 科，共有状元 112 人，其中最后一人，也是自科举制度确立后历代王朝科举的末科状元，就是直隶省肃宁人刘春霖。

仕途艰难

　　刘春霖字润琴，号石筲，1872 年出生在河北省肃宁县北石宝村一个农民家庭。父亲刘魁书，排行第四，是个老实淳朴的农民，后为保定府衙皂隶。哥哥刘春堂（1903 年进士）与刘春霖兄弟俩自幼聪颖好学，同就读于本村开蒙老师刘春熙。春霖几岁时就能写一手好字，并能出口成诗。他十来岁时扎着红头绳赶集上庙，书写对联出售，抢购者颇多，有"小书法家"之称。当时他的家乡水、旱、蝗虫灾害连年发生，十年九不收，加之苛捐杂税，闹得民不聊生。为生活所迫，他的父母到保定投奔一个亲戚家，经熟人介绍，他父亲到府衙当差。春霖兄弟二人则跟其伯父在家，白天下田劳动，夜晚便挤在一盏小豆油灯下深钻苦读。有时吃了上顿少下顿，过着清贫生活。其伯父对他二人倍加喜爱，乡邻对他们也非常同情。有一次，春霖读书到深夜，饥饿难忍，但家中没有吃的，这时想起白天看到邻居院内放着"酱曲"（炒熟的豆子或杂粮磨成粉，再团成面团，发酵后用以做酱）。春霖便越墙而过，抓起酱曲就大口吃起来，邻家主人闻声，隔窗望去，以为是贼，便悄悄出屋，猛一下将春霖手腕按住，春霖吓了一跳，忙对邻家解释说："大伯，我晚上读书习字，又冷又饿，白天看见你家有酱曲，所以就……"邻家大伯听后，忙唤春霖进屋，拿出几个窝窝头给了他。刘春霖幼年时代就是在这种食不果腹、衣不遮体的艰难生活中发愤苦读的。

在封建时代，地位卑贱的人要想登上仕途，科举考试是主径。刘春霖刻苦修学，也正是为此。

但是，清代科举，规定苛刻，凡应试童生在考试时必须有廪生（清时对已取得秀才并在县、州或府内领取一定银饷的读书人称为"廪生"）保举。应试童生还必须"家世清白"，凡娼、优、隶、卒的子孙，均不得应试。凡此四种，均谓身家不清，须退免三世后方可应试。

光绪十三年（1887年）县试，春堂、春霖兄弟二人遭到一些童生和廪生排挤，原因之一是因为刘家兄弟出身贫寒，被人看不起；二是他兄弟二人才华出众，怕其超过别人。更因春堂、春霖的父亲当时为保定府皂隶，故犯科条。本县四合屯村一位老廪生便以此为柄，竭力弹劾，一些妒忌者也横加阻挠，讥讽挖苦。因此，刘家兄弟二人没能参加此次科考。但他们并未灰心，回家之后，读书更为刻苦。隔两科后，二人又去应试。考前花费了些钱财，由中堡店村一老廪生力保，才得以应试。结果，二人都中秀才。从此，春霖便走上入仕之途。

刘春霖考中秀才后不久，又考入保定莲池书院。莲池书院在当时是直隶省最高学府，在全国也很有名气。刘春霖在此就学时，这所书院的院长是著名学者吴汝纶（吴挚甫）。吴汝纶是安徽桐城人。同治进士，师事曾国藩，为"曾门四弟子"之一，与李鸿章关系亦密切。文宗法桐城派，气势纵肆，曾为严复所译《天演论》作序，备极称道。由于刘春霖学习刻苦，颇善思考，见解独到，又因其字在当时就已影响于保定书坛，所以备受吴汝纶的赏识，常予单独授课，对其要求颇为严格。

刘春霖在这里学习长达 10 年。学习了语言文学、史学、世界各国政治、诗词格律，还兼学了英语、日语等。这为他殿选一举成名打下了基础。

状元及第

光绪二十九年（1903 年），刘春堂、刘春霖兄弟俩一同参加殿试，刘春堂考中进士，刘春霖却榜上无名。然而他毫不灰心，坐着驴车哼着小曲回了保定。科举取士一般为三年一科。可是就在这次殿试第二年（1904 年），适逢慈禧太后 70 寿辰，所以特加甲辰科，并称之为甲辰恩科。是年 7 月 4 日，刘春霖参加殿试，可谓鲤鱼跳了龙门，获一甲一名，得中状元；同试的朱汝珍获一甲二名，为榜眼；商衍鎏获一甲三名，为探花；著名法学家、原中国民主同盟主席沈钧儒，时年 29 岁，也获二甲名次，为进士。

光绪三十一年（1905 年）慈禧迫于各方面的压力，根据张之洞、刘坤一等人的建议，"停止科举、推广学校"。科举制度的废除，使刘春霖这位鼎名状元成了"第一人中最后人"。

刘春霖是如何考取状元的？是因其文章好，还是因字写得好，或是其他原因？社会上传闻不一，但相同的说法是：刘春霖原非一甲一名。

在刘春霖的故乡传说：一甲一名本是朱汝珍，由于朱是广东人，广东是康有为、孙中山的故乡，慈禧便对广东人有隙，故对朱不喜欢。而刘是直隶肃宁人，毗邻京都，"肃宁"二字也颇感吉利，肃为"肃靖"，宁为"安宁"。"春霖"二字含义也很好，春风化雨，普降甘霖。慈禧想到这里，遂拿笔圈点，把春霖定为一甲一名。刘春霖在他的《六十自述》长诗中亦有"入仕平顺，因而视事太易"的注释。

那么，慈禧太后为什么对刘春霖如此青睐呢？根据笔者了解，情况是这样的：

刘春霖中举人以后，曾有一段时间寄居于北京地安门外"通益常"布店的老乡徐老板家里，等待科考。"通益常"布店以经营高级绫罗绸缎为业，清廷王公大臣的衣料有很多是从这个布店购买。又因徐老板裁缝手艺高，常出入皇亲贵戚家中，因此，徐老板结识了驻德国钦差大臣陶世筠。这位大臣与徐老板很投机，二人都爱好书画，常在一起叙谈。一次，陶世筠对他说："有一事不悦，烦请徐老板帮助。"徐问何事？这位王爷说："我家现缺少个西宾（家庭教师），四下寻觅无合意之人。"徐老板想起了刘春霖，便随口说："我有一位老乡，字写得好，文章做得也不错，四书、五经尤为精通，还识音文、懂乐律，只是在预备科考，不知他是否愿意。"陶世筠听后忙问："此人现在何处？可否唤来一问呢？"徐老板当即把刘春霖叫来，谒见了陶世筠。二人相谈，十分投机，刘春霖随即应允。后来，刘春霖就搬进陶家，边教书，边读书，以待殿试。

慈禧专权独尊尽人皆知，每逢她寿诞之日，都要大庆大典，届时满朝官员都要为她拜寿朝贺，即使她的皇族国戚也无例外。他们谒见慈禧之时，要先呈上禀帖。陶世筠因见刘春霖的小楷字写得很出色，就让他代为书写。陶拜见慈禧时，呈上"陶世筠谒见太后老佛爷，祝太后万寿无疆"的禀帖。慈禧看了好大一会儿，而后问："你何时练得一手好字？"陶世筠忙回答说："禀太后，此字非下臣所写，那是家中西宾替下臣写的，此人预备科考。"慈禧听后喜形于色地说："既有此等人才，为何不早些告之于我。让他给我抄圣经吧。"就这样，刘春霖为慈禧抄写了《文昌帝君骘文》《大唐三藏经·圣教序》等经书。其字备受慈禧称赞。

翌年（1904 年）5 月，刘春霖在保和殿参加科举殿试。考试完毕，八位阅卷大臣在文华殿审阅。初定：第一名朱汝珍，第二名刘春霖，第三名商衍鎏，第四名张启厚，第五名林世焘……主考官将殿试考卷呈予慈禧太后钦定。慈禧翻看到刘春霖的考卷，感到字迹非常熟悉，和他那圣经抄本上的字十分相似，遂又想起了陶世筠的话："此字是下臣西宾所写，在预备科考。"便想，这一定是陶世筠家那位西宾的考卷。再看文章，也颇对心思，便责备主考官为什么没把刘春霖列为头名，遂从第二名抽到第一名，御笔圈定。就这样，时年 32 岁的刘春霖金榜夺魁。1986 年笔者在京访问状元唯一的孙子刘大中，亲见保存完好的刘春霖殿试考卷，字体隽秀挺拔，颇具魅力。虽仅 999 字（策论要求不过千字），但其内容涉及劝政、治军、理财等诸多方面，中心论点是要因时因地因人制宜，以图国富民强。

按朝规，中选举子要等着在文华殿传见，届时需穿朝服。刘春霖没有，说定借用陶世筠家的，让他的学生（陶世筠之子）拿着包袱包着朝服等候。传呼刘春霖时，赶紧穿上，仓促上殿，先是跪拜慈禧太后，然后通报子孙三代，报后立起，被审视是否身有残疾。当多种礼仪通过之后，才正式发榜。

国子监有历届状元名单，新科状元要把自己的名字写进去。同时，状元公要给有关的下人发赏钱，刘春霖一摸口袋分文没有，赶紧让学生到陶世筠家借来，才避免了一时漏场出丑。

刘春霖生有三女一子。就在他考中状元之际，生了唯一的贵子刘海云，人们都说刘春霖是"双喜临门"，不少朋友喝了他的喜酒。

留学日本

刘春霖得中状元之际，正值资产阶级民主革命蓬勃发展之时。清政府为了维护其统治地位，不得不打出"君主立宪"的招牌，声称"准备立宪"，"先行筹备"，派人出国考察，选派留学生出国留学。光绪三十三年（1907 年），刘春霖被选派到日本东京政法大学留学，同往的有谭延闿、沈钧儒、商衍鎏、江亢虎、王揖唐等。当时清政府经济衰败，国库空虚，付给出国留学生的费用是很可怜的，所以留学的生活很清苦。但刘春霖并未因此而影响学业，学习十分刻苦，成绩总是名列前茅。因他的字写得好，有很多日本同窗甚至一些高级官员求他写字。刘春霖常与日本学者讨论问题，有时竟争论起来，但刘春霖见解独到，多使对方叹服不已。他在《六十自述》一诗的注释中这样写道："留学日本政法大学时，讲师创为学说，余与问难推论至极，讲师嘉叹，卒不能答。"在刘春霖赴日留学期间，他的夫人久病不愈，为了不影响他的学业，家人一直没有告诉他。当宣统元年（1909 年）刘春霖毕业回国时，他的夫人已经去世了。

总统内史

辛亥革命后，袁世凯窃取了民国大权，他在预演复辟丑剧之前，欲借状元"鲁殿灵光"以壮门面，便请出了刘春霖这位清朝遗老。1914年，袁将刘春霖请到总统府，任总统内史，改称"秘书公室"。搞些文字应酬，实际无实权。总统府内史很多，各有分工，然每个内史每天要为袁世凯搞一篇"尹日览"，即各写一段历代皇帝的言行。袁觉得合意的，就让刘春霖抄录下来，供其赏读。在这段时间，刘春霖是看出了袁的复辟帝制野心的，但因这与他"显达于世"的目的相合，故此他对袁给他的差使是欣然应允的。

当时，在北京的"筹安会"声嘶力竭地叫嚷："恢复帝制是四万万中华之心愿""只有恢复帝制方可平息内忧外患"。袁世凯授意其子袁克定指使各省党羽组织"请愿团"进京向袁"请愿"，要求恢复帝制，借以欺骗广大民众。当时刘春霖同谷钟秀曾代表直隶省向袁"劝进"。他这一举动，颇得袁的欢心，袁夸刘"志超正大，前途无量"。

是年，民国政府在万牲园（现北京动物园）内开辟了一个农业试验场，称之为"中央农业试验场"，刘春霖兼任场长。在这期间，他主办了气象和农业两个讲习所。他虽然竭力经办这个试验场，但却事与愿违。由于军阀混战，政权更迭，几年辛苦，一无所获。学员们大都学无致用。农业试验场实际成了人们游览观赏的植物园。

刘春霖在总统府任职时，以善于辞令、推理严密而著称，经常为一些问题与同僚们争得面红耳赤，观点多与众相悖，但仍不弃己见，这样便遭到一些人的妒忌和排挤，不甚得志。他曾说："项城（袁世凯因籍河南项城，故称袁项城）师奏留襄新政，然自知性秉直，火气太盛，不可揽大事矣！"此后，他便尽量躲避政事，闲游公园，读书写字。民国政府付给他月薪300块银圆，他在北京王恭厂买了一处住宅，前后两套院，宽敞幽静。他自家有一辆汽车，雇着一个司机，四个用人，生活颇悠闲，就这样至总统制终。

爱国忧民

刘春霖在总统府任职时，对袁世凯预演复辟丑剧小有推波助澜之举，然而，在国难当头之时，他还是具有忧国忧民之心的。

1931 年"九一八"事变后，刘春霖对蒋介石的不抵抗政策极为愤慨。是年，正值他 60 正寿，他的儿子海云和朋友们欲为他操办寿典，他坚决反对，说："国家存亡尚且未定，祸福难测，搞什么寿典？皮之不存，毛将焉附？"在封建社会，60 寿辰为正寿，有条件的人都要大庆大典，以图吉利，尤其像刘春霖这样一位文星泰斗、鼎名状元公，更无可非议了。但他想到国家存亡，寿辰之日，作《六十自述》长诗一首，其中有这样一句："忧国忍能看彩戏，为传雪已兆丰年。"唯一心愿，只求年丰了。

1933 年农历七月，黄河泛滥，河北、河南、山东三角地带受灾十分严重，人民流离失所，无家可归。刘春霖同段绳武等知名人士发起"河北移民协会"，刘春霖为该会理事。他不顾年迈，四处奔走，募集物款。并出面与当时河北省主席于学忠联系，让本省各地政府给予资助。后来在包头城东 15 里的南海子一带建立了河北新村，先后移民两次，计有 330 多户，1100 多人。

1934 年农历三月，伪满傀儡政府总理郑孝胥派人从东北赶到北平，以"满洲国"名义特邀刘春霖前往，遭到刘严词拒绝。当时趋势者认为：旧主相召，并许以高官厚禄，刘春霖坚辞不就，简直是固执迂腐。而他这一爱国之举，却为众人所敬慕。抗日名将宋哲元原是刘春霖在北洋学堂的学生。宋对刘的爱国行为极为敬佩，两次赋诗给刘春霖，邀刘赐和。

宋哲元尊孔读经，颇推崇刘春霖，经常到尊师刘春霖的寓所请他讲

《史记》《春秋》《左传》，谈古论今，颇为投机。1937 年，日本帝国主义发动了侵华战争，爆发了震惊中外的"卢沟桥事变"。宋哲元所部怀着爱国激情奋力抵御日军。这时，刘春霖的好友金选三惊闻北平发生的这一事件后，生怕刘遭不幸，以"病重"为由，让刘到天津。刘春霖接到金选三的信，随即赶到天津。见到金选三，才知金并没有病，只是为了让刘躲避战乱，并已在英租界为刘春霖安排好了住处。刘春霖居住了一段时间，听到北平惨遭日军践踏的消息，潸然泪下。他对金选三说："京城父老惨遭蹂躏，我当了逃兵，真有些愧对先祖之训导。"不久，他告辞金选三回北平，金劝他说："日军在北平四处烧杀，北平不大安全，还是把全家都接到天津来暂避一时吧。"刘春霖说："兄之盛情，弟深为感激，但东藏西躲总不是个办法，如果日本人节节南逼，我们莫非要躲到南洋去不成？"他毅然又回到北平。

日本军国主义发动大规模侵华战争，激起了全国人民的强烈反抗。但是，也有一些人失去了民族气节，充当了汉奸。王揖唐、江朝宗、王克敏之流就是其中最为典型的人物。他们效忠日本侵略者，在北京成立了伪"华北政务委员会"。王揖唐因与刘春霖是同科进士，平素交往不错，在王揖唐任"委员长"时，便多次出面邀刘任职。一次，王揖唐西服革履，头戴日本军帽，来到刘春霖寓所，并带了很多礼品，对刘说："兄之品德、才华，胜我十倍，望兄为我维持政务，弟感三生有幸。"刘春霖从藤椅上蓦地站起来，将一杯茶泼在地上，险些溅王一身，怒视王说："我绝不能依附外国人！"王揖唐不欢而辞。王走后，刘春霖对着门说："这些筋骨软的东西！"

刘春霖中了状元之后，在故里北石宝村兴建了一所学堂，并为该学堂书写了"铸学炉"门匾。房舍教具尽为刘春霖捐资。凡本村学生学杂费用均由刘春霖负担，还让他的大女儿担任校长。当时村里立石碑一

方，碑文为刘春霖好友尚秉和书撰

刘春霖还同一些河北省旅京知名人士一起，共同筹办北京"燕冀中学"。刘曾为该校捐款、赠书，并任该校董事会理事。

1909 年刘春霖从日本回国后，任保定直隶高等学堂（该校后与北洋学堂合并）监督，常到莲池书院讲学，并开办了直隶书局。后来虽任总统府内史，仍兼任该校监督，还聘请了外籍教师，培养了大批人才。

隐居生活

北伐成功之后，刘春霖便退居林下，以诗书自慰。他在文、史方面造诣很深。他喜藏书，多达万余卷，可谓汗牛充栋。他对小学研究也很有见解，曾说："现在语体文时兴，古文更将难读，愿对古文致力，以资稍有贡献。"他在《六十自述》一诗中亦有"陈迹六经弃物，雕虫敢说壮夫为"之句。

刘春霖还是一个著名的书法家，尤以小楷见长。早年曾苦临颜真卿、柳公权、赵孟頫、褚遂良的字，融百家之精华于一体，形成了自己独到的风格。清末民初，刘春霖的小楷字帖出版有 10 余种，尤以《大唐三藏经·圣教序》《兰亭序》《文昌帝君骘文》《雷飞经》最为著名，流传最广，当时习小楷的人多以他的字为摹本。

刘春霖也乐于为人书丹作画，撰拟碑文。1921 年，直隶省省长曹锐、巡阅使曹锟聚敛财物，重修古莲池时，立石碑一方。刘春霖应邀书写碑文，此碑尚存于保定。1944 年，是崇祯自裁身殁 300 周年，在京部分清朝遗老傅增湘、潘龄皋、康同璧（康有为之女）等发起凭吊活动，刘春霖为其所立碑文书丹。

在那时，欲借刘春霖"状元"之名装点门面的大有人在。有人以聘请了状元为其亡属题主为荣（封建社会的达官显贵，亲属亡故时都要为其"点主"。点主是先备制一块一尺左右高的木牌，请有名望的人以墨写上某某之灵主。可是写主字时不写上边那一点，写成"王"字；而后再聘请最有名望之文官用朱砂点那一点，谓之"点主"，也叫"题主"）。而刘春霖对这些人的邀请，要么不去，要么以高价相挟。

民国初年，上海有名的英籍资本家哈同死后，他的满族夫人罗迦陵特邀刘春霖为哈同点主。外敌的入侵，使刘春霖对外国人很厌恶，尤其哈同这样的人物。刘春霖坚辞不去。后来，罗迦陵恳请再三，刘春霖才勉强应允，但提出了如下条件：要罗迦陵用八抬大轿从上海火车站将刘抬到哈家；要每餐盛宴；还要银圆一万。罗迦陵只好答应了他的这些条件。

还有一次，北京一位达官，要刘春霖为他书写一块门匾，刘知其奸邪可恶，尽管那人许以重金，但刘春霖始终未予应允。

献县北峰村姓齐的大地主也曾请刘春霖为其死属题主，刘春霖闻知齐家专横跋扈，拒聘不就。齐家四次进京恳请，刘春霖才应允就道。当他与作陪的人在保定火车站一下车，省、府、县官和齐家约百人早已等候。当即用轿车把刘春霖接到献县北峰村。这次点主，也要了很大一笔钱。事罢返里，把点主的钱全部捐资于北石宝小学，购置课桌。这是刘春霖中状元之后的首次衣锦还乡。

刘春霖不献媚于达官显贵，但对亲朋、挚友、平民百姓，却非常热情，凡求字者，有求必应。

保定北大街原有个布店，店主梁掌柜邀刘为其书写了"复兴和"的匾额后，门庭若市，买卖兴隆。店主感激不尽，给刘春霖送了很多礼品，刘坚辞不受。梁感其慷慨，又拉他入股，刘春霖风趣地说："我生性不是个做买卖的料，只会舞文弄墨。"婉言谢绝。1930 年，家乡的一位书法爱好者慕名前往他的寓所（北京王恭厂知义伯大院）求取墨宝，他看到家乡人倍感亲切，分外高兴，遂濡毫展纸，为其书写了大幅中堂。当时有人出 100 块银圆的高价来买，这位老乡视如至宝，绝不售人，一直珍存了 30 多年，可惜焚于"文革"动乱之时。

刘春霖不但学识渊博，爱好也十分广泛，尤喜昆曲、京剧，与名家韩世昌、余叔岩、言菊朋交谊甚密。1944 年，他在去世的前一天，还应言菊朋之邀到西长安街长安大戏院听戏，散戏后又到一亩田饭庄就餐。回寓后，他对其家人说："明日我带你们到大栅栏去吃烤肉。"次日清晨，刘心脏病猝发，与世长辞，享年 73 岁。刘春霖死后葬于保定市东鲁岗，其父母哥嫂与祖父母尽葬于此。

刘春霖逝世后，悼仪很隆重，哀悼的人络绎不绝，送挽幛的人很多，有各界名流，也有普通学者和百姓，其中前清遗老翰林吕梦符所送挽联是这样写的：

> 娄尾科名，鳌头峻立；
> 天殒文星，闻声惆怅。

不媚上屈外的邓世昌

———

孟 和

1927 年，我在上海见到海军宿将李域臣老先生。李将军与邓世昌是挚友。下面所记就是他对邓世昌的一些回忆：

邓世昌和我同在英国学海军。归国后，因他既能干又吃得了苦，屡被提升。有一天，邓在舰上管带室办公，值日官来报：船政大臣有令箭到，要我们启行时附载一名军官至厦门，现人已到码头。邓说："这个不合规定，本舰不能接受。你叫来人回去好了。"持令箭的弁目回禀船政大臣后，几个闽籍军官乘机对邓诽谤，说他有意抗令，是要丢新任大臣的脸。于是，这位大臣勃然大怒，立即命卫队把邓抓来审讯。邓到公堂后，大臣说："公家的人，搭公家的船，你为什么敢不准？如此大胆抗令，该杀！"不容邓答辩，刽子手就要把他推出去。就在这千钧一发之时，只见营务处提调杨某跪在大臣面前说："邓世昌没有错处，万万杀不得！"大臣冷笑着问："那么，谁错了？"杨答："这是我的错！"大臣不解地问："这关你什么事？说清楚！"杨叙说道："本署规定，军官搭兵船，必须持大臣书面的命令。这规定已通行多年，大臣初来，我竟未及时陈明，其错在我，不在邓世昌。"这才把我的好朋友给救了。

后来，邓世昌因同北洋海军总教练琅威尔发生摩擦，几乎又闹出乱子来。这个琅威尔，原是英国的海军军官，受李鸿章之聘，来华教练北洋海军。他趾高气扬地大耍威风，命令各舰在他驾临时，必须按丁军门（丁汝昌）之例，悬提督旗并列队迎接。邓世昌对此非分要求，自然不予照办。琅威尔竟扬言邓如不公开道歉，就要去禀报李中堂。邓不予理会。琅威尔下不了台，就气呼呼地非要去见李鸿章不可。左翼总兵林曾寿与右翼总兵刘步蟾都恨琅威尔，闻讯便为邓世昌解释，说："邓管带还未接到皇上升您的官的公事，因而来不及悬旗欢迎，请勿见怪！这事如闹到中堂那儿去，也只有指责丁军门疏忽罢了，军门向来待您很好，何必令他因此受累？还是由我们两人代军门向您道歉吧！"接着大家举酒对饮而罢。

甲午之战中，当邓世昌指挥的致远舰受伤时，他决计与日舰同归于尽，便令开足马力向日旗舰吉野号撞去，不幸中鱼雷而沉没。邓掉入海里后，丁汝昌派人去救，邓拒上舢板。他养的两只狗入海衔他衣服引还，也被推开。最后，他与同舰官兵约250人一齐为国壮烈牺牲。他们真是"鞠躬尽瘁，死而后已"的民族英雄啊！事后，我托人为邓世昌写了一副挽联：气壮辞雄，力抗权奸昭正直；义高节烈，誓歼仇敌竭忠贞。

给清王朝的致命一击：彭家珍刺杀良弼密档曝光

鹿 璐①

    关于彭家珍刺良弼的全过程，民间有众多传闻，既有历史学家的多种记述，也有汪精卫、姚锡光、冯自由等人为彭家珍撰写的传略中叙述详情，以及案发当时报刊五花八门的报道。究竟彭家珍刺杀良弼的真实情形如何呢？北京市档案馆于近期公布了有关彭家珍馆藏档案，首次刊布彭家珍事略和刺杀良弼经过，向公众披露了整个事件的诸多细节和完整过程。

良弼：清王朝的最后依靠

    良弼是满洲镶黄旗人，爱新觉罗氏，具有皇族血统，宗社党首领。良弼曾经留学日本，在士官学校学习，是清末皇室宗亲中难得的军事人才。他曾主持军务，统领禁卫军，力主军事改革，要求清王朝建立自己

---

① 鹿璐，北京市档案馆副研究员。

的新军，培养军事人才。因此，良弼与铁良等人被称为清季干将。武昌起义后，良弼主张镇压革命，反对起用袁世凯，并毛遂自荐要求带兵参战。不过，在朝廷应对革命党武昌起义的一系列人事安排中，良弼并没有得到重用，最终还是老谋深算的袁世凯得到了军权。袁世凯怀有野心，他想利用革命党逼迫清帝退位，自己谋篡革命果实。为了达到这一目的，袁世凯主张与革命党南北议和，在朝廷内则想方设法排挤主战的良弼。良弼并没有因此偃旗息鼓，而是在 1912 年 1 月 12 日与溥伟、铁良等人组织"君主立宪维持会"，简称"宗社党"，并被推为首领。宗社党反对与革命军议和，反对清帝退位，妄图"以立宪弥革命，图救大局"。良弼请缨领兵南下镇压革命，并立下军令状，称以三个月为限，如果不成功就自请斩首谢罪。良弼还建议以赵尔巽代替袁世凯出任内阁，以铁良为大将军，以庆、肃诸王协助筹集监督粮饷，而自己则总揽满汉文武内外之全权。在良弼的鼓动下，代表清室宗亲的宗社党在朝廷中占据了主导地位。隆裕太后与宣统皇帝似乎看到了希望，他们要与革命党进行最后的决斗。

彭家珍将目标锁定良弼

彭家珍，字席儒，四川金堂人，生于 1887 年。其父彭仕勋为清末秀才，思想激进，主张实业救国。少年时代的彭家珍受父亲影响，接触到西方近代科学，并结识了宋育仁、吴之英、廖平等新派人物。1903年，彭家珍考入成都武备学堂。据说考试当天有口试，考场安排在楼上举行，主考官问考生上楼的楼梯有多少级，所有考生都答不上来，只有彭家珍回答无误，由此可见彭家珍从小就善于观察，事事留意。1906年，彭家珍因成绩优等被公派日本考察军事，其间秘密加入同盟会。同年彭家珍接受孙中山布置的任务并携带一批革命书刊返回四川，任清军的排长，驻成都外北凤凰山。彭家珍虽然身在清营，但是一直秘密参加革命活动。1911 年 10 月 11 日，汪精卫邀集彭家珍与白逾桓等人，在天津成立同盟会京津支部。由于彭家珍从事革命活动，被清陆军发现，遭到通缉。彭家珍化名出走，但是仍来往于京、津、奉、沪，积极联络党人。1911 年 12 月，彭家珍在上海得到孙中山接见，受到鼓励，更加意志坚决地投身革命。彭家珍在上海曾任四川同盟会党人旅沪支部军事部副部长，蜀军政府邀请彭家珍回四川组织革命，彭家珍则认为北方系清室根据地，较为重要，要求继续留在北方工作，改任北方暗杀部长，领导北方的暗杀工作。彭家珍秘密由秦皇岛运送手枪、炸弹等物入京，欲从首都起义。

清廷防范甚严，侦探密布，革命党人白天在街头不敢见面，而夜晚，清廷的巡警四处巡查，革命党人的住处屡次被抄，情况非常危险，难以发动起义。彭家珍想到了擒贼擒王的计策，他决定单独行动。经过一番审时度势之后，彭家珍将目标锁定了良弼。

关于彭家珍暗杀良弼的原因，在《四川同乡某等为彭烈士家珍呈请国府抚恤文》档案中是这样记载的：

当时南方虽响应革命，而满廷则主战弃和，故先派荫昌以海军扼据长江，继派冯国璋以陆军攻破汉口，虽武昌先已光复，然清兵距江作战，其不攻至武昌者几希。是时袁世凯虽督重兵，然因良弼在内主张不利于己，且有自身难保之虞，于是依违两可，外杀民党将领吴禄贞以求献媚于清室，内结民党首要孙总理以谋大位于将来。因此，时局混沌，解决尤难，烈士鉴此时机不容缓，深知清室以良弼为中心，袁氏以良弼为畏首，欲推翻清室利用袁氏解除数千年之专制，建设廿世纪之共和，非先去良弼断难成功。

正如档案所记述，武昌起义爆发后，清廷非常害怕，摄政王载沣马上召集大臣商议对策，大家商议的结果是派兵镇压起义。但是谁作为前线总指挥呢？人选有两个，一是袁世凯，二是荫昌。荫昌是满洲正白旗人，曾经被派往德国学习军事。载沣非常信任荫昌，决定派他为总指挥，开往武昌镇压革命。荫昌虽然学过军事，但在前线连吃败仗，革命军连连推进，山西、贵州、上海、江苏、浙江、广西、安徽、福建、广东、四川等省市纷纷独立，直隶、山东、河南、甘肃、新疆等地爆发大规模起义。在这种情况下，清廷不得不起用袁世凯。身在前线的冯国璋是袁世凯的心腹，袁世凯被起用后，原来在荫昌手下消极怠工的冯国璋马上抖擞精神，在与革命党的战斗中连连取胜。北洋军在袁世凯的指挥之下，长驱直入，胜仗连连。这样袁世凯就有了和革命军谈判的资本。1911 年 12 月 7 日，袁世凯派出唐绍仪作为代表参加南北和谈。当时革命党中很多人认为，能够推翻清王朝的统治，就可以实现民主共和，革命就取得了成功。因此，很多革命党人都想借助袁世凯之力推翻清王朝。然而，以良弼为首的王公亲贵十分不甘心，他们以宗社党为基础，准备做垂死挣扎。

促使彭家珍痛下决心，立即行动的原因，王清渭先生笔述彭烈士事迹档案中是这样记载的："良氏督战甚切，遂派荫昌督水师，冯国璋督陆军，直抵刘家庙上下一带，夹攻武昌甚急，水师以巨炮击坏民军数舰，及武昌城市民军危在旦夕。"姚锡光所撰《彭大将军荣哀录》中记述当时的情形："汉阳初陷，潼关进取，太原收复，武昌且旦夕下，北军势张甚，军谘史良弼复自请督师……烈士知良弼不除，战祸不息，遂决计赴京以绝其根。"从这些记载可知，良弼咄咄逼人，而武昌危在旦夕，鉴于时机刻不容缓，彭家珍准备立即行动暗杀良弼。

一炸胜雄兵十万

当时已是辛亥年的腊月初，彭家珍等人准备在腊月初八行动。按照清廷旧例，腊月初八这一天皇上要赏赐各王公大臣吃腊八粥，王公大臣要上朝谢恩。彭家珍分析这一天良弼必然在京，而且一定会在家中。

彭家珍是一个做事沉稳，有条不紊的人，他一步一步设计好如何刺杀良弼，然后按照既定步骤层层推进。

彭家珍进行的第一步就是认识良弼。彭家珍与良弼素未谋面，如果炸错了人，不但对革命无益，而且还会暴露自己。彭家珍动用自己所有的社会关系，经过多方查找，终于在同乡徐某的家里发现了良弼的照片，于是他趁到徐某家做客之机，乘其不备将照片拿走。彭家珍日日对着照片揣摩，将良弼的面容烂熟于胸。

彭家珍采取的第二步就是访求良弼的亲近之人借以利用。彭家珍知道，良弼此时是朝廷重臣，禁卫军统领，能接近良弼又不让他起疑心，唯有假借良弼的熟人名义才行。可是到哪里去找这样的人呢？一筹莫展之时，彭家珍突然想到了他在奉天的同事、学兵营管带崇恭。此人乃是良弼的亲近之人。彭家珍马上秘密来到奉天，使用崇恭的名字给良弼发了封电报，大致内容是：现在奉天局势很紧，想到北京向良弼告密。彭家珍这样做的目的，就是告诉良弼崇恭要来北京面见他，以消除良弼的疑心。

彭家珍准备在良弼的住处实施暗杀行动，于是第三步就是探访良弼的住处。彭家珍探悉良弼私第在西城红罗厂内，他乘良弼不在家的时候，拿着崇恭的名刺到良府拜会。之所以这样做，一是要让良弼家人知道自己就是崇恭，二是要打探出良弼出入家门的时间，以便选择行动的时机。

第四步就是对自己进行乔装改扮，以掩人耳目。彭家珍置办了一套清军标统军服，穿上这套军服，彭家珍俨然就是清军的军官，没有人怀疑他的身份。随后彭家珍带着自制银质炸弹两枚、手枪一支，与同盟会赵、杜男女诸同志同往西河沿中西旅馆静候时机。彭家珍对这次刺杀行动抱着必死的决心，他对同伴说，准备两枚炸弹，先投一枚如果不能炸中，就再扔一枚，若再炸不中，被擒后即以手枪自尽。

腊月初八夜，彭家珍先打听好从奉天来京的列车到达时间，然后由中西旅馆来到前门东车站旁，换上事先准备好的标统冠服，装成一副刚下火车的样子，坐人力车直到金台旅馆。彭家珍进店后对店主说："我由奉天来，行李在后即到。"随后，彭家珍开楼上 13 号房休息。过了一会儿，他吩咐店主代为雇车马，说要外出拜客，遂乘车直到红罗厂。彭家珍到达良弼府第时，家人说良弼尚未回府，还在军谘府议事，于是彭家珍又折往军谘府，恰遇良弼整队而出，遂尾追至红罗厂外。彭家珍命马夫问前面是否良大人卫队，得到肯定的答案，彭家珍即以事先准备好的崇恭名刺求见良弼。良弼见是崇恭名刺，即请他到宅谈话。彭家珍与良弼各自乘车行至良宅大门外齐下车，彭家珍走近良弼，说："崇恭自奉天来，有机密求见大人数次，请大人稍停，我详述机密。"良弼听彭家珍的声音不熟悉，再一见此人并非崇恭，惊知有异，大呼卫队"有刺客"，然后立即逃走。彭家珍见状马上追了上去，先投了一个炸弹，结果用力太猛扔得太靠前，没有炸中。接着彭家珍又掷一弹，在良弼身后触石阶爆炸，一下炸断了良弼的左腿。炸裂的弹片亦反射伤及彭家珍的头部，彭家珍当场牺牲，年仅 24 岁。

良弼身受重伤，他对于彭家珍的行刺似乎有所悟，对家人说："朝廷不识我，唯人识我，真吾知己也！"次日，良弼毒发，周身肿而死。警察来到事发现场查验死伤情况，在这次刺杀过程中，卫兵死八人，马夫死一人，重伤一人。警察讯问昏而复苏的马夫，问他从何处来，答从金台旅馆。警察将金台旅馆团团围住，搜查该旅馆，仅空房一间，并无同伴。其实彭家珍的同党诸人此时就在离金台旅馆十余步远的中西旅馆，彭家珍怕连累大家，才做此周密安排，使得同伴皆得幸免。

彭家珍以一人之力刺杀清廷重臣、宗社党领袖，举国震惊。当时各报纸称彭家珍"一炸胜雄兵十万者"。良弼一死，宗社党人群龙无首，纷纷逃亡外地，无人再敢争持和议之事。失去了良弼的清廷，再无可以依靠的人了，良弼死后十余日清帝下诏退位，数千年之帝制一变而为共和。

为表彰彭家珍的功绩，1912 年 2 月 22 日，孙中山以中华民国临时大总统的名义追赠彭家珍为"陆军大将军"。民国元年夏，由同盟会同志商请，孙中山临时大总统主张将彭家珍原棺迁往万牲园（今动物园）与杨禹昌、张先培、黄之萌三烈士合葬，修建四烈士墓。1928 年底，彭家珍烈士家属向国民政府申请为彭家珍修墓建祠，国民政府遂令北平特别市市政府筹建彭家珍烈士纪念堂。为此，北平特别市政府在令工务局、土地局等筹议的同时，令社会局、教育局、公安局广泛征集彭家珍烈士事迹。现在有关彭家珍烈士墓修建经过，以及烈士事迹有关档案藏于北京市档案馆。

揭秘 "老佛爷" 的身后事

——我曾三探慈禧陵地宫

徐广源

　　编者按：慈禧是晚清政权的实际统治者，掌权将近半个世纪。她的陵寝——菩陀峪定东陵（以下简称慈禧陵）雕刻之精美，装修之豪华，为清陵之冠。她的地宫是什么样子的？她的地宫是怎样打开的？她的遗体又是怎样的？清东陵文物管理研究室原主任、紫禁城学会理事徐广源先生为我们揭开以上谜题。

　　作者徐广源，从事清朝陵寝研究和清朝后妃研究 40 余年，先后参加过裕陵（乾隆帝陵）地宫、慈禧陵地宫、容妃（香妃）地宫和纯惠皇贵妃地宫的清理工作，曾亲手找到了容妃（香妃）的头颅骨，整理过慈禧的遗体，并探视过康熙帝的皇十七子果亲王允礼等人的多座地宫。著有《清东陵史话》《正说清朝十二帝陵》《正说清朝十二后妃》《大清皇陵秘史》《清皇陵地宫亲探记》等 16 部专著。

开启慈禧陵地宫是大势所趋

　　清东陵乾隆帝的裕陵地宫是我国继明十三陵的定陵地宫之后，对外

慈禧陵

开放的第二座皇帝陵地宫。清裕陵地宫是于 1975 年开启，1978 年 1 月
29 日正式对外开放的。事先也没有进行大力宣传，更没有开什么新闻发
布会，新华社只是发表了几百字的消息。裕陵以其崇宏的陵寝规制、精
美的雕刻、丰富的文化内涵震惊了国人。来自全国各地的游人络绎不
绝，真可以说车如水，人如潮。当人们参观完裕陵，自然要慕名去看一
看慈禧陵。精美豪华的慈禧陵地面建筑使游人惊叹不已，赞不绝口，同
时又都以看不到慈禧地宫而深感遗憾。人们或致信，或打电话，或直接
找东陵领导，纷纷要求开启慈禧陵地宫。强烈的呼声，沉重的历史责任
感，促使清东陵文物保管所（清东陵文物管理处前身）的领导将开启慈
禧陵的地宫摆在了工作的首位。

慈禧陵地宫是完全应该打开的。慈禧陵地宫和乾隆帝的裕陵一样，
都是在 1928 年被军阀孙殿英盗掘的，地宫里的随葬珍宝已被盗掘一空，
不存在因技术不过关而保存不了文物的问题。打开慈禧陵地宫，不属于
发掘而属于清理。通过对地宫进行开启、清理工作，能够消除地宫里的

方城隧道券内北墙下就是当年的盗口，新中国成立后堵砌上

安全隐患，把残存的有价值的文物保护起来，同时对陵寝研究也有巨大的价值。而且慈禧陵地宫同裕陵地宫相比，距地面较浅，占地面积小，开启更为容易。而后，要求开启慈禧地宫的请示报告很快就送给了文物主管部门，经过几番周折，最后终于得到了批准。

清东陵文物保管所经过周密的准备，决定于 1979 年 2 月 17 日正式开启慈禧陵地宫。这是我国历史上正式开启的第一座皇后陵地宫，特别是这次开启的是大名鼎鼎的慈禧陵的地宫，其意义更是非同一般。我们成立了一个小组，清东陵文物保管所所长宁玉福亲自任组长，其他成员有干部谢久增、李景龙、高福柱，摄影师杜清林，木工周大明、王江，瓦工赵生等。我是搞陵寝研究的，又负责文物保管，自然不能少。

初进地宫，经历重重关口

因为这次属于探视，所以我们决定从昔日的盗口进入地宫。慈禧陵地宫盗口是 1952 年建立清东陵文物保管所后才堵砌上的，就在方城隧道券北面的墙根下，位置准确清楚。能够首批进入慈禧陵的地宫，小组的每一个人都感到非常兴奋和激动。

方城隧道券俗称古洞门，隧道券地面都是用巨大的青白条石铺墁的，盗口就在隧道券北墙下。由于盗口处的条石是后来补墁上的，所以有些不平。我们用铁撬杆先起开几块地面墁石，下面是凌乱的砖头、灰土等物。贴着北墙向下挖不到 2 米，就露出了一个木桩。因为方城隧道券的北墙是一道单批墙，在慈禧入葬后，为了挡住北墙上的券脸石，特地砌了一道墙。通向地宫的盗洞正在这道墙的下面，为了防止这道单批墙下沉才支了这根木桩。在木桩北约 30 厘米处发现有一道石墙，完全用十分规整的青白石条石砌成，墙体平整，光滑洁白，非常坚固严实。墙体下部有一长方形洞口，这个洞口长约 50 厘米，宽约 40 厘米。很明显，是因为从墙体上抽掉了一块石料才形成的。这道石墙就是地宫隧道砖券南口的挡券墙，俗称"金刚墙"。金刚墙除被抽出一块条石外，其他部分均完整无损。由此可知孙殿英盗陵匪兵就是从这个小方洞钻进地宫的，无数价值连城的奇珍异宝也是从这里被盗出，最后流向社会，散落到天涯海角的。从溥仪派到东陵进行重殓人员的日记中知道，这些清皇室的王公贵胄和清廷遗臣们在重殓慈禧遗体时，也是从这个仅能容一个人的小洞口爬进爬出的。如今，新中国的文物工作者们也将从这个小洞口钻进去，去探视慈禧陵的地宫。

从外面看，这个小方洞就在金刚墙的底部。杜清林首先爬了进去。我也学他的样子，先将双腿伸进洞内，满以为双脚立刻就能踩到里面的地面，没想到里面很深，几乎整个身子都探进去了，双脚才踩到里面的地面。原来，我们在外面没有挖到金刚墙的墙根。从里面看，小方洞距地面还有一米四五的高度。这道金刚墙是进入地宫的第一道关口。

慈禧陵地宫金刚墙上昔日的盗口和支顶墙的木桩

　　我们从金刚墙的小方洞钻进去后，里面就是地宫的隧道券。隧道券是地宫的组成部分。慈禧陵的隧道券与裕陵的明显不同。裕陵的隧道券完全用大砖砌死填实，而慈陵的隧道券则是空的，根本就没有用砖砌。这也就为我们进入地宫提供了极大的方便。另外，裕陵地宫的隧道券地面是光整平滑的，而且表面有烫蜡，而慈禧陵的隧道券地面则是砖磴（砖的台阶）。两陵隧道券的共同特点就是地面都是斜坡的，越往前走越低。慈禧陵地宫的隧道券的两侧墙壁，下碱用青白条石砌成，上身用澄浆砖砌成，顶部完全用澄浆砖拱券而成。整个隧道券十分干净整洁，就像新建的一样。

　　我们每人都拿着手电筒，怀着紧张而又十分激动的心情沿着坡面慢慢向前走，估计走了 10 米左右，地面变平，改为用巨大的青白条石墁地。迎面是一座巨大的石门。石门的门楼采用砖木瓦结构的建筑形式，实际上一根木料也没有，一块砖也没用，完全用青白石雕琢构筑而成，洁净如新。两扇石门关着，因为顶门的自来石在 1928 年已被孙殿英匪

地宫内的慈禧棺椁，是标准的旗材，头朝北

兵顶倒摔断了，所以我们几个人合力一推就开了。门扇上雕刻着兽面衔环铺首，整扇石门光洁晶莹。四个石门簪上分别雕刻着龙、凤，每根飞椽的头上都雕刻着一个"卍"字，每根圆椽子头上都雕刻着一个圆"寿"字，寓意万寿。两条戗脊上各排列着石雕的仙人、狮子、天马。按古建规定，仙人后面的小兽排列顺序应是龙、凤、狮子、天马，而且仙人后面的小兽的数量应是单数。不知为什么慈禧陵地宫的跑兽舍去了龙、凤，从狮子开始排列，而且是双数。飞椽下是一斗三升式斗栱，也都是用石料雕琢而成。门垛的上部是马蹄柱，下部为须弥座。整个门管扇是用红铜铸成的，每扇石门的外棱下部都被凿坏，但未凿通。不言而喻，当年盗墓匪兵最初打算凿门而进，但随后想出了从门缝顶倒自来石的方法，从而顺利地进入了第一道石门。

第二道石门的两扇门半开着，没有门楼和门垛，门扇形制与第一道石门一样，上门槛、过梁和门管扇皆用红铜铸成。每个门簪也是铜的，每个门簪的看面都是一幅铜铸的精美的龙凤呈祥图案。这些铜铸件尽管

慈禧陵地宫出土之香宝

已历百年，但仍然铜光闪闪，这一点是裕陵地宫所没有的。第二道石门铜过梁上面的半圆形月光石上，雕刻着海水江崖、两组龙凤呈祥和一条行龙的图案。这是整座地宫中唯一的一处石雕图案。

慈禧地宫的真面目

第二道石门以里就是金券（摆放棺椁的券堂），里面弥漫着一股十分难闻的气味。慈禧陵的金券，进深 7.16 米，面阔 11.38 米，中高 8 米，整个金券均用巨大的青白石发券而成，光素无雕刻图案。地面也都是用青白石铺墁而成的。

在金券内，靠北墙正中是一座棺床，用一整块青白石制成，进深 3.8 米，面阔 2.28 米，高 0.42 米，东、西、南三面雕成须弥座形。棺床上面端端正正地摆放着一具内棺，棺上的金漆藏文佛经在我们手里的手电筒的照射下熠熠闪光。这具内棺很完整，棺头朝北，棺尾朝南。金券的西北角扔放着被拆散的椁帮，仰放的椁盖上还有一堆杂乱、糟烂的丝织物。这说明当年溥仪所派的重殓人员并没有将地宫打扫干净。金券的东南角和西南角各有一个须弥座形的正方形石座，是放置香册、香宝用的，所以称册宝座。在东南角的册座上，有两个黄绸子包袱，一个里面包着慈禧的香册，另一个包里面是香宝。香册共 10 片宽窄不一的木板，拼接起来组成 6 整片，上面用满汉两种文字阴刻着谥文。根据清制，皇后香册应为 10 整片，这说明有 4 整片遗失了。香宝其实就是一个木印，宝面有残缺，上面用满汉两种文字镌刻着慈禧的谥号。因为是用檀香木制的，所以称为香册、香宝。在西南角的宝座上，叠放着一件龙袍。这件龙袍在 1928 年被盗时，曾被匪兵带出地宫，弃之陵外，后来被裕大村的守陵官员和钧用 8 块大洋买回，在重殓时放置在地宫里。它是慈禧死后穿在最外面的寿衣，上面绣着十二章图案和大小许多楷书体的"佛"字，文物价值很高。后来，故宫博物院一位研究清朝后妃服饰的资深专家看到之后，感到很惊讶，她说研究了几十年清朝后妃服饰，还从来没有看见过龙袍上绣有"佛"字的。我们还从地宫里清理出陀罗尼经被、堆绫的荷花褥子、绣团"寿"字的长袍、绣"福"字的内上衣、绣花鞋一双、陀罗尼经缎、枕套等。

慈禧陵地宫虽然不如裕陵的地宫大、不如裕陵的雕刻精美，但有一点是裕陵地宫比不上的，那就是慈禧陵地宫下设置了两条龙须沟。龙须沟就是排水暗沟，因为像两根龙的须子一样伸出陵外，所以才有此美称。地宫内设了 6 个龙须沟漏眼，每扇石门后面各一个，在罩门券地面左右各有一个。漏眼下面通着龙须沟，地宫里一旦出现渗水，就可以通过漏眼和龙须沟将水排出。棺床上正中有金井一眼，因为当时慈禧内棺压盖在上面，所以这次没有清理。当时天气还比较寒冷，但地宫里面却温暖如春。

慈禧陵地宫出土之香册

根据清宫档案得知，慈禧陵的地宫是按照道光皇帝的慕陵地宫建的。慕陵地宫为四道券二道石门，而慈禧陵的地宫是五道券二道石门，比慕陵地宫还多了一道闪当券。可见慈禧陵地宫在清朝皇后陵地宫中是最高级的。

因为这次是探视，加之地宫里气味难闻，我们很快就退出了地宫。经过紧张认真的清理，我们将修补好的外椁套在内棺外，安装好照明设施，在地宫入口处设置了天桥，将香册、香宝及三件寿衣、陀罗尼经被等丝织物整理入库。当时因为急于要维修清理慈安陵的地面建筑，所以决定慈禧的内棺暂不清理，留待以后有空闲时间时再清理。

而后，慈禧陵地宫于 1979 年 4 月 8 日正式对游人开放。

再进地宫　开启慈禧内棺

慈禧陵地宫开放以后，再一次引起了轰动，连续五个"五一"节，日平均参观人数都达到一万多人。1983 年入秋以后，开始进入淡季。有人提议，应该利用旅游淡季，清理慈禧内棺，对慈禧的遗骨进行科学考

打开内棺盖，大名鼎鼎的慈禧就在这个棺盖之下

证，利用现代技术再现其生前容貌，或在隆恩殿内展出慈禧的塑像，或做一个假慈禧遗体放在棺内，将棺椁的一侧打开，安上玻璃，让游人能够看到棺内仰身直卧的假慈禧。这样既能对清朝葬制有进一步的了解，还能引起广大游人的兴趣。

为此，清东陵文物保管所多次开会进行研究。大家一致认为，此时正是清理慈禧内棺的好时机，实际上这也是对 1979 年地宫清理工作的延续。况且棺内珍宝早在 1928 年就已被盗掘一空，溥仪派人重殓时，只将慈禧遗体及几件衣服殓入棺内，没有放置任何珍宝。1928 年以后，慈禧陵地宫盗口又被扒开，直到 1952 年才被堵砌。可以想象，慈禧棺内一定是一堆乱骨头，因此不存在文物保护不了的问题。再者，慈禧陵地宫自开放以来，值班人员多次见到地宫里面有老鼠出没，有时竟从棺椁里钻进钻出，棺内很可能存在鼠窝。近几年来，游人又经常问及慈禧遗体状况，纷纷建议开启其内棺……最后会议决定：打开内棺，进行清

定东陵鸟瞰（图片的右侧为慈禧陵）

理，日期定在 1983 年 12 月 6 日。

　　保管所职工听说要清理慈禧内棺，都很兴奋，纷纷要求参加。此次，依然成立了一个清理小组，我依然是小组成员之一。一切准备工作就绪，这天的下午下班后，大家秩序井然地进入了慈禧陵地宫。当时已经日落，夜幕即将降临。

　　慈禧棺椁与清朝其他帝后的棺椁的形制基本一样，均用楠木制作。漆饰 49 道漆。外椁头朝北，尾向南，通体扫金，尽管已经残损严重，漆皮龟裂且多有剥落，却依然金光闪动。椁的形状为直帮平顶，顶部两侧成坡状，头略高，尾略低。前后两回头也是垂直的，但顶盖向前水平伸出一块形似葫芦的木板，故称之为"葫芦材"，为清朝皇家专用的棺椁。在木工组组长的指挥下，大家合力将椁盖抬起，移放到一旁。

　　慈禧内棺通体红漆，顶部四面收起，呈坡状。棺的四壁内外均阴刻藏文佛经，填以金漆。棺盖上有九尊团佛像和凤戏牡丹图案，整个内棺基本完好。在棺与椁之间的夹缝间，果然发现了一堆堆被老鼠咬碎的糖果皮、水果皮和纸屑等，这些杂物整整装满了一铁簸箕。木工小心翼翼地开启棺盖，棺的两帮与棺盖之间用四个紫檀木榫连接。棺盖抬开后，大家立刻围拢过来，不约而同地将目光投向棺内。映入眼帘的不是原来想象的一堆乱骨，而是另外一番情景：一件黄缎大被把棺内盖得严严实实，被上盖着一件黄缎袍，袍上又盖着一件蓝缎坎肩……显而易见，这是 1928 年溥仪派人重殓后的原状！

所长当即果断地决定：不准接触棺内之物，停止清理，立即盖上棺盖，恢复原状。大家迅速撤出地宫，从这一天起，关闭地宫，不再接待游人。12 月 8 日，向国家文物局和河北省文物处汇报此次开棺过程的材料就发了出去。下一步就是等待上级领导的处理意见。1984 年 1 月 3 日，国家文物局电话通知清东陵文物保管所：明天国家文物局派几位同志去东陵，对慈禧内棺进行保护性处理。

第二天，国家文物局派来了五位专家。所长向他们详细介绍了之前开棺的情况，并和两位副所长陪同他们到慈禧陵地宫现场详细察看了慈禧内棺。随后经共同协商、精心挑选，成立了一个清理慈禧内棺小组。这个小组由 10 人组成，东陵保管所出 5 个人，还有国家文物局派来的 5 位专家。小组之外，还有配合工作的电工、瓦工、木工等。我们事先做了分工：有记录的，有照相的，我负责清理慈禧遗体、棺内遗物，清东陵保管所的保卫干部负责指挥配合工作的人员，国家文物局的 5 人负责指挥、录像和喷洒药物。

三进地宫，直面"老佛爷"

1984 年 1 月 5 日，早饭后，清理小组成员及相关人员即进入慈禧陵地宫。为了避免外界干扰，我们关闭了陵寝门。我们每个人都穿着白大褂，戴着白口罩、白手套，就像上手术台的匠生、护士一样，各司其职，各就各位。一切行动都在摄像机的镜头下进行，工作进行得有条不紊。

开启棺盖后，看到的仍是之前开棺时的情景。在专家的指导下，我小心翼翼地依次揭取了蓝缎坎肩和黄缎袍。每次揭取前，都要拍照片、量尺寸。揭开黄缎袍后，在缎被的上面发现一个黄绸子小包。我左手托着小包，伸到摄像机的镜头下，用右手慢慢打开，发现里面是一颗牙齿、两节指甲，指甲一长一短。这个小包是 1928 年溥仪派大臣在重殓慈禧时所包，与他们在日记中的记载完全相符。慈禧生前掉的这些牙齿、剪下的指甲，在她入葬时盛放在什么器物里，放在什么地方，清宫档案和其他史料均无记载。而且慈禧生前不可能只掉一颗牙，更不会只剪下两节指甲。其他的牙和指甲哪里去了呢？盗陵匪徒肯定不会拿走，很可能是当成废物扔掉了。

取走黄缎袍后，下面是一条黄缎团龙大被，被的中间有一条南北方向的条形凸起。不言而喻，这个部位下面当是慈禧的遗体。在国家文物局专家的指导下，我用一个长纸筒将黄缎被慢慢卷起，下面露出来的果然是一具遗体。慈禧遗体保存得比较完整。她头朝北，脚朝南，仰身直卧。脸部和上半身用黄绸子裹着，下身穿着裤子，已严重褪色，一时难以辨别原来的颜色。裤子上绣满楷体"寿"字，每个长 7 厘米，宽 6 厘米。这件裤子与已从地宫里清理出来的"福"字上衣，正好上"福"下"寿"，合为一身。两只脚上裹着黄绸，揭开黄绸，只见两脚被一条紫红色绸带捆着，右脚穿着白绫袜子，左脚赤裸，袜子放在左裤腿上。揭开盖住脸及上身的黄绸子，慈禧的真面目才完全展现出来。她的头微向左偏，两眼深陷成洞。有些花白的头发一部分披散于胸前，一部分顺垂于右侧。右手搭放在腹部，左手自然垂于左胯外侧，腰间扎着一条丝带。胸部袒露，皮肤贴在了骨头上。虽然肌肉无存，遗体上还有许多裂口，但全身仍然皮与骨头相连。我用钢卷尺测量了一下，遗体全长约153厘米。以此推断，慈禧生前身高当不低于160厘米。

我实在不敢相信，眼前这具干尸就是曾经统治中国48年，两度垂帘，连皇帝见了都害怕的慈禧"老佛爷"！慈禧也不会想到，在她死后刚刚20年，地宫就被盗掘，她的"玉体金身"会被抛出棺外，暴尸达数十天之久。

遗体下面铺着一件黄绸里蟒缎褥，褥子下面是一块长条木板——如意板。这是当年抬遗体所用的，没有撤出，我们也用它将慈禧遗体抬出了棺外。如意板下面铺着一层厚约10厘米的锯末状物，到底是什么，至今也不清楚。国家文物局的一名专家往棺内喷洒了防腐消毒药液，然后又将慈禧的遗体抬进了棺内，按原状安放，这是慈禧死后，其遗体第三次被殓入棺内。一个人死后，在长达76年的时间里，遗体先后三次被殓入同一口棺木内（第一次是死后正式入殓，第二次是被盗后溥仪派的人重殓），恐怕古今中外也难以找到第二例。

我用原来的绸子将慈禧的脸及上身按原样包裹好，再按原样用紫绸带裹好双脚，然后将黄缎被、黄绸小包、黄缎袍、蓝缎坎肩按原样依次放回棺内，完全恢复到开棺时所见状态。文物局的专家再次往棺内喷洒药液，盖上棺盖。这时木工已将残破的外椁维修好，随即将椁盖上，一切又都恢复如初。整个清理工作进行了将近一天。

慈禧内棺清理后不久，地宫继续开放。如今，慈禧的遗体仍完好地躺在棺内，保留着1928年溥仪派人重殓时的原状。

图书在版编目（CIP）数据

前清旧话／刘未鸣主编．— 北京：中国文史出版
社，2018.9
（纵横精华．第二辑：历史的侧影）
ISBN 978 - 7 - 5205 - 0845 - 2

Ⅰ．①前… Ⅱ．①刘… Ⅲ．①中国历史—史料—清前
期 Ⅳ．①K249.06

中国版本图书馆 CIP 数据核字（2018）第 265080 号

责任编辑：金硕　胡福星　李军政

出版发行：**中国文史出版社**

社　　址：北京市海淀区西八里庄 69 号院　　邮编：100142
电　　话：010 - 81136606　81136602　81136603（发行部）
传　　真：010 - 81136655
印　　装：北京朝阳印刷厂有限责任公司
经　　销：全国新华书店
开　　本：787 × 1092　1/16
印　　张：14.5
字　　数：180 千字
版　　次：2019 年 2 月北京第 1 版
印　　次：2019 年 2 月第 1 次印刷
定　　价：48.00 元